100자에 압축한 5000년 병법의 정수

병경백자

계훤揭暄 지음 | 김명환 옮김

글항아리

차 례

해제 ― 100개의 글자로 병서를 통달하다 _008

지부智部

100개의 글자로 병서를 통달하다

『병경백자』는 명말청초 때의 의사義士 게훤揭暄(1613~1695)이 지은 병법서다. 『병경백편兵鏡百篇』 『병법백언兵法百言』 『병경백언兵經百言』 『병경백편兵經百篇』 『병략兵略』 『게자병서揭子兵書』 『병법원기兵法圓機』 등으로 불리기도 했다.

『병경백자』는 처음에는 필사본으로 세상에 전했으나, 그 뒤 하장령賀長齡(1785~1848)과 위원魏源(1794~1856)에 의해 『황조경세문편皇朝經世文編』에 수록되었다. 또 이홍장李鴻章(1823~1901)에 의해 『병법칠종兵法七種』에 수록·간행되었다. 광서光緒 연간(1875~1908)에는 절강학당 교원인 후영侯榮이 『병경백자』의 뜻을 풀이하고 전쟁의 예를 인용하여 서로 검증했는데, 이 가운데 제국황齊國璜이 정리한 것이 광서 34년(1908)에 출판되기도 했다. 민국民國 연간(1912~1949)에도 또한 여러 종류의 영인본이 세상에 유행했으니 『병경백자』가 상당한 인기를 끌었음을 알 수 있다.

저자 게훤의 자는 자선子宣, 명말 청초의 장시江西 광창廣昌 사람이다. 「게훤부자전揭暄父子傳」에서는 "게훤이 어렸을 때 비범한 기상

이 있었는데, 전쟁에 대해 논하는 것을 좋아했으며, 강개함으로 자부했다. 홀로 문을 잠그고 생각을 정밀하게 하여 그 요체와 오묘함을 얻어서 『병경백자』와 『전서戰書』 등을 저술했는데, 모두 예전에는 없었던 내용이었다"[1]라고 했다. 그는 또 수학에 뛰어나서, 『선기유술璇璣遺述』(혹은 『사천신어寫天新語』라고도 함) 등을 저술했다. 청나라의 군사가 난징南京을 공격하여 함락한 뒤 게훤은 아버지 충희衷熙와 함께 병사를 일으켜 청에 저항했다. 이때부터 부자의 명성이 자자하여 장민江閩(장시 성과 푸젠 성) 일대를 뒤흔들었다. 그 후 청의 병사가 푸젠을 공격하여 점령하자, 게훤은 마침내 산림에 은거하다가 최후에는 장렬하게 전사했다.

『병경백자』는 매우 독특한 구성을 보여준다. 즉 전쟁과 관련된 단어 100자를 각 조목의 제목으로 정하여 논술했는데, 크게 상·중·하 3권으로 나눴다. 상권은 지부智部, 중권은 법부法部, 하권은 연부衍部로 삼았다.[2] 그리고 각 부의 첫머리에 전체의 내용을 개괄하는 문장을 짓고 그 문장에서 세부 조목으로 다룰 단어를 선별하여 표제어로 삼아서 그 의미를 풀이했다.

『병경백자』에 실린 내용은 전쟁 준비 단계에서 해야 할 일, 책략이나 계획을 세우거나 운용할 때 고려해야 할 사항들, 군대를 처음일으킬 때 할 일, 군대를 이동·주둔할 때 고려해야 할 일, 교전하는 방법 등을 먼저 다루고, 병법을 잘 활용하기 위한 술책, 적과의 교전

---

1 少負奇氣, 喜論兵, 慷慨自任. 獨閉門戶精思, 得其要妙, 著爲『兵經』·『戰書』, 皆古所未有.
2 일설에는 '연衍'을 '술術'의 오기로 보아 '술부術部'라고도 한다.

에서 사용되는 여러 가지 병법들, 병법 사용의 목적과 그것이 최종적으로 지향해야 할 최고의 경지에 대해 차례로 기술했다.

좀더 자세히 살펴보면 상권의 지부智部는 주로 책략과 계획[謀計]을 세우는 방법과 운영 원칙에 대해 강론한 것으로, 先·機·勢·識·測·爭·讀·言·造·巧·謀·計·生·變·累·轉·活·疑·誤·左·拙·預·迭·周·謹·知·間·秘 등 모두 28개의 조목으로 되어 있다. 중권의 법부法部는 주로 군대를 조직하고 지휘하며 다스리는 방법과 원칙에 대해 강론한 것으로, 興·任·將·輯·材·能·鋒·結·馭·練·勵·勒·恤·較·銳·糧·住·行·移·趨·地·利·陣·肅·野·張·斂·順·發·拒·撼·戰·搏·分·更·延·速·牽·句·委·鎭·全·隱 등 모두 44개의 조목으로 구성되어 있다. 하권의 연부衍部는 주로 병법을 사용하기 위한 술책과 교전할 때의 병법들, 병법의 사용 목적 등을 강론한 것으로, 天·數·辟·妄·女·文·借·傳·對·蹙·眼·聲·挨·混·回·半·一·無·影·空·陰·靜·閑·威·忘·由·如·自 등 모두 28개 조목이다.

『병경백자』에서는 전쟁을 치르기 위해 가장 먼저 해야 할 일은, 정황과 형세를 적절하게 파악하여 적보다 유리한 조건을 갖추는 것이라고 했다. 그리고 적장의 재능, 적군의 실정, 적의 기량과 적군의 의도를 알아채고 장단점을 헤아리며, 병법과 군사 용어에 대해 정밀하기를 요구하는 등 직접 부딪쳐 싸우기 전에 철저하게 준비하는 것을 매우 중요하게 여긴다. 책략이나 계획을 세울 때는 상황에 맞게 계획을 세우고 운용할 때는 변화를 주며, 상황이 거듭 반복될 때는 우리의 행동을 미루어 적의 다음 행동을 예측하고 그다음 단계의 계획을 세워야 한다고 주문한다. 군대를 운용할 때는 방법을 전환하고 융통성을 부리며, 적을 의심하고 적의 실수를 유발하게 하는 등이기는 방법에 집중해야 한다고 말한다.

군대를 일으킬 때는 각각의 자리에서 자신이 담당해야 할 일에 철저하기를 주문하고 있다. 즉 임금은 장수에게 전쟁과 관련된 일은 전적으로 위임하고, 일단 위임하면 개입해서는 안 되고, 장수는 임금의 명을 중요시해야 한다는 것이다. 또한 장수는 병사를 화목하게 하고 병사를 그 임무에 맞게 훈련시키거나 돌보며, 전쟁 수행의 능력 여부를 비교·검토하고 군대를 정예로 만들며, 군량미를 충분히 갖추어야 한다. 그렇게 한 이후에야 행군할 수 있다.

이동·주둔할 때는 상황에 맞는 지형적 이점을 고려하고 숙지하여 진지를 구축할 수 있어야 한다. 명령을 엄숙히 수행할 수 있고 운용할 때 자유자재여야 하며, 과장하기에 뛰어나고, 축소시키는 것에도 능하며, 적군의 침략에 순응하거나 도발할 수 있고 적군의 공격을 막아내면서 동요시키기에 능한 곳이 좋다. 이런 곳에 진지를 구축한 다음에야 적군을 맞이하여 싸우는 방법을 강구하는 것이 좋다고 말한다.

교전할 때는 군대를 분산·교대하는 일에 능숙하게 하고 지연전과 속전의 때를 분명히 하며, 적군을 견제하면서 주변 국가와 친분을 맺어야 하며, 적군의 요구에 대해 일부러 호응하는 척하고, 아군을 장악하여 진압하는 경지에 이르러야 한다. 그렇게 할 수 있어야만 적을 제압하고 승리할 수 있다. 그러나 장수는 반드시 사람을 보전하고 자기를 은닉하는 전술 또한 깊이 도모해야 한다고 말한다.

또한 병법을 잘 사용하려면, 천문 현상과 운수, 적이 꺼리거나 적이 망령되게 믿는 속설에 대해 분명히 알아서 이용하고, 여자의 부드러움과 문학적 역량을 사용하여 적의 힘을 역이용하고 정보를 수

집하는 등의 다양한 술책을 사용할 수 있어야 한다.

적을 상대할 때는 움츠리기, 요충지 점령하기, 소리 이용하기, 기다리기, 헷갈리게 하기, 계획 바꾸기 등의 방법을 이용해야 한다. 또 절반의 기회와 여분의 계획을 남겨두거나, 그림자 보여주기 등의 방법을 쓰면서, 동시에 부질없게 하기, 없는 듯이 하기, 숨기기, 조용히 있기 등의 상황도 적절하게 이용해야 한다. 여유를 가지거나, 당면한 상황을 잊기 등의 행동을 통해서 변화를 꾀하고, 자신의 위세와 능력을 드러내지 않아야 한다. 이러한 여러 행동들은 모두 주도권을 잡는 데 그 목적이 있으며, 저절로 그렇게 되게 하거나 자연의 법칙에 따라 행동하는 데 이르는 것이 병법의 최고 경지라고 강조한다.

게훤은 당시까지 존재한 병법에 대해서, "병법에는 지금껏 전傳(현인의 저술)은 있었지만 경經(성인의 저술)은 없었다. 칠자七子[3]의 말은 흩어져서 정리된 형식을 이루지 못했고, 여러 뛰어난 장수의 행동은 장수마다 지략을 달리했다"[4]고 했다. 게훤은 자신의 이런 생각을 『병경백자』에 고스란히 담았다. 이미 옛사람이 핵심으로 여기던 것을 본보기로 삼아서 계승했고, 또 독창적으로 나가서 새로운 경지를 이루었으며, 거기에 더하여 기존 병법의 결론을 총괄하여 발전시키고, 진부한 것을 미루어서 새로운 것을 낼 수 있었다. 그는 100개의 글자를 가지고 각종 병법의 사상·관념·작전법 등을 서로

---

3 칠자七子: 『무경칠서武經七書』를 말함. 즉, 『손자孫子』『오자吳子』『육도六韜』『사마법司馬法』『황석공삼략黃石公三略』『울요자尉繚子』『이위공문대李衛公問對』 등이다.

4 兵法, 從來有傳無經. 七子之言, 支離破碎; 百將之行, 各師異智.

비슷한 종류로 포괄하고 그 정화를 서로 융합하고 관통시켜 『병경백자』라는 체계적인 저술을 완성했다. 따라서 『병경백자』는 이론적인 성격이 비교적 강한 병법서다.

그런데 그는 단지 예전 병법의 사상적 영향에만 얽매이지 않았다. 작자 스스로 책을 통해 깊이 연구하여 깨우친 것과 청과 실제 전쟁을 통해 얻은 지식을 결합하여, 독창적이고 독특한 경지로 나아갔고 거기에 더하여 총괄적으로 발전시킬 수 있었다. 진부한 것은 버리고 새로운 것을 찾아냈으나 어지럽게 쓰거나 기존의 사상과 무리하게 충돌되는 부분이 없다. 사용한 언어도 또한 비교적 간결하여, 청대의 중요한 병서 가운데 하나로 자리매김했다.

이 책은 청대에 크게 유행하여 후대에 큰 영향을 주었기 때문에, 군사·학술적으로 매우 큰 가치를 지닌다고 할 수 있다. 비록 인지도나 영향력에 있어서 『손자병법孫子兵法』과 비교할 수 없으나, 『손자병법』을 포함한 여러 병서를 보충·발전시킨 것이어서 모든 것을 포괄한다는 장점이 있고, 오늘날의 사람들도 일독할 가치가 충분한 병서다.

2014년 3월

김명환

전쟁[兵]하기에 앞서 미리 해야 할 일[先]은, 오직 적절한 정황[機]과 형세[勢]를 파악하는 것이다. 적의 실정 알아차리기[識]와 적의 의중 헤아리기[測]에 능숙한 이후에 다투어야[爭] 곧 결과가 좋으니, 전쟁에 대해 말한 것[言]을 정밀하게 읽지[讀] 않고 어찌 제교[巧]를 성취[造]할 수 있겠는가?

책략[謀]를 세우고 계획[計]을 설정하는 일에 이르러서는, 시작할 때는 상황에 맞게 생산해내고[生], 이어서 운용할 때는 변화를 주며[變], 상황이 거듭될 때는 계책을 누적시킨다[累]. 이로부터 운용 방법을 전환하고[轉] 융통성을 발휘하며[活], 적의 행동을 의심하고[疑] 적의 실수를 유발시켜야 하니[誤], 이와 같은 모든 행위는 적을 이기는 법이 아닌 것이 없다. 역으로 이용[左][1]할 수 없을 때는 곧 옹졸하게 대처하는[拙] 방법이라도 써야 한다.

총괄하면, 예측하여[預] 여러 계책을 번갈아 내고[迭][2], 주도면밀하고[周] 신중히 하기를[謹] 다하고, 병영의 사이에서 정보[知]를 운용하고 이간의 방법[間]을 행하며, 곧 기밀을 유지하는 것[秘]으로 그것들을 아울러 사용할 수 있어야 한다.

据兵之先, 唯機與勢, 能識測而後爭乃善, 可不精讀兵言以造於巧乎? 至於立謀設計, 則始而生, 繼而變, 再而累, 自是爲轉爲活, 爲疑爲誤, 無非克敵之法, 不得以[左], 乃用拙. 總之, 預布迭籌, 以底乎周謹, 而運知行間, 乃能合之以秘也.

1 역으로 ~ 때[左]에는: 원문에는 없으나, 아래의 내용을 참고하면 첨가하는 것이 적절하다.
2 번갈아 내어서[迭]: 본문에는 '布[펼치다]'로 되어 있으나, '迭'로 보는 것이 타당하다.

1. 미리 하기

先

전쟁을 치를 때[兵]는, 싸움이 일어나기 전에 먼저 상황을 판단해야 하고[先天], 적보다 먼저 유리한 기회를 차지하며[先機], 적보다 유리한 상황이 되도록 먼저 수를 쓰고[先手], 먼저 소문을 내거나 위세를 떨쳐서 적을 놀라게 하고 두렵게 만드는 행동[先聲] 등이 있어야 한다.

아군이 움직일 때 적의 계책을 저지하거나 억제시키는 것이, 선성先聲을 잘하는 것이다. 적과 우리가 함께 다투는 상황에 처했을 때 매번 적보다 먼저 한 수를 차지하는 것이, 선수先手 치기를 잘하는 것이다. 적과 부딪쳐 싸워 승리를 결정짓는 것에 의지하지 않고 미리 이기는 계책을 시행하는 것이, 선기先機를 잘하는 것이다. 다툼이 없는 방법으로 다툼을 중지하고 싸우지 않는 방법으로 싸움을 그치게 하며, 사건이 발생하지 않았을 때 사건의 빌미를 제거하는 것, 이것을 선천先天이라고 한다. 미리 하는 것이 가장 좋은 방법이 되는데, 그 가운데 선천을 사용하는 것이 더욱 최선이 된다. 미리 하기를 잘 쓰는 것은 완전한 병법을 능숙하게 운용하는 방법이다.

　兵有先天,[1] 有先機,[2] 有先手,[3] 有先聲.[4] 師之所動而使敵謀沮抑, 能先聲也: 居人己之所並爭, 而每早占一籌,[5] 能先手也: 不倚薄擊[6]決利, 而預布其勝謀, 能先機也: 以無爭止爭, 以不戰弭[7]戰, 當未然而浸消之, 是云先天. 先爲最, 先天之用尤爲最, 能用先者, 能運全經矣.

1　先天: 일정한 시기나 일이 일어나기 전에 먼저 상황을 판단할 수 있는 명철함을 말한다.

2　先機: 싸우는 시기에 앞서 먼저 유리한 시기를 차지하는 것을 말한다.

3　先手: 싸울 때 유리한 상황이 되도록 먼저 수를 쓰는 것을 말한다.

4　先聲: 먼저 소리와 위세를 떨쳐 사람들로 하여금 놀라게 하고 두렵게 하는 것을 말한다.

5　籌: 작은 막대기로 계산할 때 쓰는 산가지이나, 여기서는 '계책'을 의미한다.

6　薄擊: '薄'은 '搏'과 같은 의미이며, '다가가다, 접근하다'의 뜻이다. '薄擊'은 짧은 병기끼리 서로 부딪쳐 싸우는 것을 말한다.

7　弭: 활 끝에 비스듬히 굽은 곳을 말한다. 여기서는 정지, 그침, 제거 등을 뜻한다.

2. 정황

機

전쟁의 형세와 밀접하게 관계되는 곳이 기機[1]가 되고, 사태가 전환하거나 변화하는 곳이 기가 되며, 사물에 있어서 매우 중요하고 절실한 곳이 기가 되고, 시기가 교묘하게 일치하는 곳이 기가 된다. 눈앞에 맞닥뜨려 있는 곳이 곧 기가 되면 눈을 움직이는 곳은 기가 아닌 것이고, 상황을 틈탈 수 있는 것이 기가 될 때 그 상황을 놓쳐버리면 기가 없어지는 것이다. 일을 도모할 때는 깊고 크게 해야 하고 계책을 감출 때는 은밀하게 해야 한다. 알아차린 상황에서 결정하고, 결정을 내린 것에서 이로움을 취해야 한다.

　勢之維系[2]處爲機, 事之轉變處爲機, 物之緊切處爲機, 時之湊合[3]處爲機. 有目前卽是機, 轉瞬[4]處卽非機者; 有乘之卽爲機, 失之卽無機者. 謀之宜深, 藏之宜密. 定於識, 利於決.

1　기기機機: 중추中樞, 기점起點, 핵심核心, 시점時點 등의 정황으로 해석할 수 있다.

2　維系: '유지하다, 잡아매다'의 뜻으로 주로 쓰인다. 여기서는 '밀접하게 관계되어 있다'는 뜻으로 쓰였다.

3　湊合: 우연히 합치되거나, 교묘하게 일치하는 것을 말한다.

4　轉瞬: '轉眴'으로 쓰기도 한다. 눈을 깜빡이거나 눈동자를 돌리는 것을 형용한 말이나, 여기서는 시간이 매우 촉박한 것을 의미한다.

3. 형세

勢

　사나운 호랑이는 낮은 자리에 웅거하지 않으며, 굳센 매가 어찌 연약한 가지에 앉겠는가? 그러므로 병법을 운용하는 자는 형세〔勢〕를 헤아리는 것에 힘쓴다. 한 모퉁이에 자리하고 있어도, 천하의 사람들이 불안해하며 안정된 거처를 두지 못하는 것은, 그들의 윗자리를 제압하고 있기 때문이다. 적은 군사로 많은 적군을 맞이하는데, 적군은 견고한 갑옷과 날카로운 병기를 가지고서도 막고 피하기만 하면서 감히 마주 싸우지 못하는 것은, 그 중요한 곳을 움켜쥐고 있기 때문이다. 하나의 주둔지를 격파했는데 여러 주둔지가 모두 와해되고, 한 곳에서만 이겼는데 여러 곳이 모두 쓰러지는 것은, 적군이 의지하는 요충지를 무너뜨렸기 때문이다. 진陣끼리 서로 맞닥뜨려 싸우는 것을 기다리지도 않고 적군의 말에 채찍과 활이 미치지

않았는데도, 아군의 깃발을 멀리서 보고 큰길을 버리고 황야로 내
달려 도망치는 것은, 그들의 기세를 꺾었기 때문이다. 땅의 형세를
잘 살피고 군의 기세를 잘 세워서 기술로 잘 이용하면 싸울 때마다
이롭지 않은 것이 없다.

　猛虎不据[1]卑址, 勍鷹豈立柔枝?[2] 故用兵者務度勢, 處乎一隅, 而天下
搖搖莫有定居者, 制其上也. 以少邀衆, 而堅銳阻避莫敢與爭者, 扼其重
也. 破一營而衆營皆解, 克一處而諸處悉靡者, 撤其恃也. 陣不俟交合, 馬
不及鞭弭,[3] 望旌[4]旗[5]而踉蹡[6]奔北者, 摧其氣也. 能相地勢, 能立軍勢, 善之
以技, 戰無不利.

1　据: '점거하다, 차지하다'의 뜻이다.
2　柔枝: '처음 자라난 여린 나무의 가지'를 가리킨다.
3　弭: 원래는 활의 양 끝에 굽은 부분인 '활고자'를 가리키나, 여기서는 '활'을 일
컫는다.
4　旌: 장대 끝에 소꼬리 들소[牦牛]의 꼬리를 묶어두고 아래에 채색한 깃털로 장
식한 깃발을 말한다.
5　旗: 원래 곰과 범을 그린 기를 말했으나, 후대에는 일반적인 기를 말한다.
6　踉蹡: 큰길을 버리고 황야로 달아나는 것을 말한다.

4. 알아차리기
識

징金과 북鼓으로 호령하는 소리를[1] 듣고 적군이 포진한 행렬을 관찰하여 적장의 재능을 알아차리고, 거짓 패배로 적군을 유인하고 이익으로 적을 꾀어내 적의 실정을 알아차리며, 거짓 공격으로 적진을 흔들어 놀라게 하고 번거롭게 도발하여 적을 혼란하게 만들고 그 기량을 알아차리는 일 등은, 사건을 통해서 살피는 것이다.

적의 근심이 발생할 곳을 우리가 모두 감지하고 있고, 적의 계획이 의심되는 것을 우리가 모두 꿰뚫고 있으며, 적이 지혜로워서 은폐하는 데 뛰어나고 적의 계획이 교묘하여 잘 숨기고 있어도 우리가 그것을 모두 환히 비춰보듯 간파하는 것 등은, 적의 의도에 대해 분명히 아는 것이다.

만약 그런 의도가 아직 일어나지 않았더라도 모든 변화를 미리

---

1 징[金]과 ~ 소리를: 후퇴할 때는 징을 치고 공격할 때는 북을 치는데, 여기서는 전쟁 중의 호령을 가리킨다.

헤아려, 먼저 적의 마음을 내 마음처럼 여겨서 적을 알고 적이 내 의도에 따라서 나를 생각한다면, 일을 도모할 때마다 마음대로 할 수 있을 것이다. 한 시대에서 가장 뛰어난 지장智將은 적의 실정을 분명히 살펴서 빠뜨리는 일이 없으니, 후대 사람들도 전 시대에서 헤아려 살펴서 본보기로 삼을 수 있을 것이다. 알아차리는 능력이 이 수준에 이르면 지극히 오묘하다.

聽金鼓, 觀行列, 而識才; 以北誘, 以利餌,[2] 而識情; 撼[3]而驚之, 擾而拂之, 而識度, 察於事也. 念之所起, 我悉覺之; 計之所始, 我悉洞之; 智而能掩, 巧而能伏, 我悉燭[4]之, 灼於意也. 若夫意所未起而預擬盡變, 先心[5]敵心以知敵, 敵後[6]我意而意我, 則謀而心投. 一世之智, 昭察無遺, 後代之能逆觀於前, 識至此, 綦渺矣.

2 餌: '떡, 경단' 등의 먹을 것을 가리키는 말이나, 여기서는 '(미끼를 던져) 적을 꾀어내는 것'을 말한다.
3 撼: '요동시키다'의 뜻이다. 여기서는 적의 기량을 알아차리기 위해 고의로 흔드는 것을 말한다.
4 燭: 원래 '촛불, 등불' 등을 나타내는 말이다. 여기서는 '비치다, 간파하다' 등을 가리킨다.
5 心: '내 마음처럼 여기다'라는 뜻으로 쓰였다.
6 後: '뒤따르다'라는 뜻으로 내 의도대로 생각한다로 풀이할 수 있다.

5. 헤아리기
測

두 장수가 처음 만날 때는 반드시 시험하는 것이 있고, 두 장수가 서로 대립할 때는 반드시 헤아려야 하는 것이 있다. 적에 대해 헤아린 자는 충실한 곳을 피하고 엉성한 곳을 치며, 적이 우리를 헤아릴 것에 대해 다시 헤아리는 자는, 단점을 노출시켜 장점이 되게 한다. 헤아린 것이 헛된 것을 쫓게 되면 도리어 적에게 속임을 당한다. 반드시 한번 헤아릴 때 양쪽으로 대비하여, 근심하지 못한 것에 대해 근심하는 것이 완전한 방법이요 이기는 방도다.

兩將初遇, 必有所試; 兩將相持,[1] 必有所測. 測於敵者, 避實而擊疏;[2] 測於敵之測我者, 現短以致[3]長. 測蹈[4]於虛, 反爲敵詭. 必一測而兩備之, 虞乎不虞, 全術也, 勝道也.

1 相持: '서로 버티다, 쌍방이 대립하다'라는 말이다.

2 避實而擊疏: 적의 주력을 피하고 약한 곳을 골라서 공격함을 말한다. 같은 말로는 '피실격허避實擊虛'가 있다.

3 致長: '致'는 '도달하다[達], 이루다[成]'의 뜻으로 쓰였다. 따라서 '致長'은 '장점에 도달하다, 장점이 되게 하다'로 해석할 수 있다.

4 蹈: 원래는 '밟다'라는 뜻이지만, 여기서는 '따르다·좇다[遵循]'의 뜻이다.

6. 다툼

爭

전쟁이라는 것은 다투는 일이다. 병사는 병기로 맞붙어 싸우는 기술을 다투고, 장수는 작전 계획을 다투고, 대장은 정황을 다툰다. 일반적으로 싸울 줄 아는 사람이라면, 힘을 다투지 않고 마음을 다투며 다른 사람과 다투지 않고 자신과 다툴 것이다. 또한 그것을 아는 사람이라면, 일을 다투지 않고 도道를 다투며 공을 다투지 않고 공이 없기를 다툴 것이다. 공을 쌓을 일이 없도록 하는 공이 곧 최고의 공이 되고, 다투는 일이 없기를 다투는 것이 곧 훌륭한 다툼이 된다.

戰者爭事也. 兵爭交, 將爭謀, 將將[1]爭機. 夫人而知之, 不爭力而爭心, 不爭人而爭己. 夫人而知之, 不爭事而爭道, 不爭功而爭無功. 無功之功, 乃爲至[2]功: 不爭之爭, 乃爲善爭.

1 將將: 장수들을 통솔하는 장수, 곧 대장을 말한다. 앞의 '將'자는 동사로 '인솔하다, 통솔하다'의 뜻이고, 뒤의 '將'은 일반적인 '장군'을 의미한다.
2 至: 여기서는 '최고, 정점' 등을 뜻한다.

7. 병법 읽기
讀

전쟁의 사건을 논한 것은, 옛날이 지금보다 못하다. 사건이 많으면 법도 다양해지고, 시간이 지나면서 사정이 변하면 처리하는 방법도 변한다. 그러므로 모든 병법가의 병서를 읽을 때는, 지금의 상황과 맞지 않는 것이 있으면 당시의 한계점을 알아야 하고, 터무니없는 말이 있으면 잘못된 곳을 알아야 하며, 미비한 곳이 있으면 부족한 부분을 인식해야 하고, 얕은 곳이 있으면 심화시켜야 하며, 모호한 곳이 있으면 그 실상을 찾아야 하고, 공허하고 장황한 곳이 있으면 진심으로 배척하며, 상투적인 방법이 되었으면 벗어나도록 힘써야 한다. 거리끼는 것이 있어도 간혹 실행해야 하고 확실한 것이 있어도 혹 벗어나도록 힘써야 하며, 엉성한 곳을 자세하게 조사하여 주도면밀하게 하고, 편중된 것에서부터 온전함을 이루도록 하며, 내려는 계획을 반대로 하여 기이함을 보이고, 고수하던 방법을 변화시켜 융통성 있게 해야 한다. 적군이 병법에 약할 때 우리는 병법을 도야해야 하고, 적군이 병법을 준수할 때 우리는 새로운 병법을 만들어야 한다. 병법을 잘 운용하는 자는 그 법을 신비롭고 이치에 밝게 사용한다.

論事, 古不如今, 事多則法數.[1] 過遷則理遷. 故讀千家[2]兵言, 有不宜知拘, 妄言知謬, 未備識缺, 膚理[3]須深, 杳幻索實, 浮張心斥, 成套務脫. 忌而或行, 誠而或出, 審疏致密, 由偏達全, 反出見奇, 化執爲活. 人泥[4]法而我鑄[5]法, 人法[6]法而我著法. 善用兵者, 神明其法.

1 數: '세밀, 번잡, 다양해지다'라는 뜻이다.
2 家: 다른 판본에는 '古'로 되어 있다. 의미상 '모든 병법가'가 더 적합하다.
3 膚理: 원래는 '피부결'을 의미하나, 여기서는 문장의 표면적인 뜻을 가리킨다.
4 泥: 원래는 '진창, 진흙'이나, '구속되다, 얽매이다'의 뜻으로 쓰이는데, 여기서는 '약하다'의 뜻으로 쓰였다.
5 鑄: 원래는 '쇠를 부어 만들다, 주조하다'의 뜻으로 쓰이나, 여기서는 '도야하다'의 뜻으로 쓰였다.
6 法: 동사로 '법으로 여기다, 준수하다'의 뜻이다.

8. 말하기

　　말을 쓰는 것은 검의 날카로움을 쓰는 것보다 수준 높은 일인데, 운용하는 법은 매우 특이하다. 허세로 과장해서 계책을 완성하기도 하고, 간혹 임시방편으로 외교에 기대어 변화에 대비하기도 하며, 근거 없는 죄로 얽어서 적들을 소원하게 하기도 하고, 겸손한 척해서 적들의 경계를 풀게 하기도 한다. 또 미리 작전을 발설하여 적군의 첩자를 가려내고, 교묘하고 간사하게 속여서 의혹을 만들기도 하며, 의도적으로 누설하여 적군의 신임을 얻고, 반대로 말하여 적의 의도를 파악하며, 이야기의 완급을 조정하여 적군과 마음으로 소통하고, 장엄하고 열렬하게 말해서 무리를 격동시키며, 비통하게 말해서 군대를 감동시키고, 매우 위협적으로 말해서 듣는 이를 두렵게 하며, 맹렬하고 매섭게 말해서 적군의 용기를 잃어버리게 하고,

어리석은 척하거나 아는 것처럼 속이며, 성난 척하거나 기뻐하는 듯이 거짓말하고, 말을 거스르면 제거하고 말을 따르면 끌어들이며, 근거 없이 비방하거나 속여서 사리분별 못 하게 하고, 잠꼬대하듯이 실없는 소리를 하거나 귀신에 빙의된 듯 부릅뜨고 바로 보며 말하는 것, 얼굴빛과 손짓, 발을 구르거나 침묵하는 것 등이 다 말하기이니, 모두 말을 잘 운용하여 기회를 제어하는 것이다. 그러므로 말을 잘하는 것이 정예의 기병을 운용하는 것보다 낫다.

言爲劍鋒上事,[1] 所用之法多離奇: 或虛揚以濟謀, 或權[2]托以備變, 或誣構以疏敵, 或謙遜以緩敵. 至預發摘奸, 詭譎[3]造惑, 故泄取信, 反說餂[4]意, 款劇[5]導情, 壯烈激衆, 愴痛感軍, 高危悚聽, 震厲破膽, 假癡僞認, 佯怒詐喜, 逆排順導, 飛流紿狂, 囈譫附瞪, 形指躡黑, 皆言也, 皆運言而制機宜者也. 故善言者, 勝驅精騎.

1 言爲劍鋒上事: 옛날에 삼봉三鋒(세 가지 날카로움)에 대한 설이 있는데, 혀끝의 날카로움이 검의 날카로움보다 상위에 놓인다.

2 權: 일상적이고 보편적인 법에서 벗어난 임기응변의 방편을 나타낸다. 여기서는 '임시, 잠깐'의 뜻으로 쓰였다.

3 詭譎: 교묘하고 간사하게 속이다.

4 餂: '낚아내다, 꾀어내다'의 뜻으로 적의 의도를 캐낸다는 뜻이다.

5 款劇: '款'은 '느리다, 천천히 하다', '劇'은 '신속하다'의 의미다. 여기서는 이야기의 완급을 조절하여 적과 소통할 수 있게 한다는 뜻으로 쓰였다.

9. 성취하기

造

　　사물의 본질과 자연의 법칙을 헤아려 전쟁의 심오한 이치에 정통
하고, 옛 역사를 탐구하여 전쟁의 원칙을 조사하며, 일의 현상과 그
규칙의 관계를 깊이 연구하여 전쟁의 징조를 꿰뚫어보고, 시급한 일
에 직접 참여하여 군대의 업무에 통달하고, 전쟁 기물들의 성능을
비교 검토해서 병기들을 이해해야 한다. 고요할 때는 전쟁이 없을
때 발생할 일을 가설하여 계책을 세우고, 전쟁에 나아갈 때는 평소
생각하고 있던 것을 운용하여 천하를 경영해야 한다.

勘性命[1]以通兵玄, 探古史以核兵迹,[2] 窮象數以徹[3]兵征,[4] 涉時務[5]以達兵政, 考器物以測兵物. 靜則設無刑事而作謀, 出則探[6]素所懷而經天下.

1 性命: '性'은 사물이 본래부터 갖고 있는 특징이고, '命'은 사물이 생장하는 자연 법칙이다.

2 迹: 원래는 '지나는 길, 도로' 등을 가리키나, 여기에서는 '방법, 원칙' 등을 의미한다.

3 徹: '통찰하여 이해하다'의 뜻이다.

4 征: 원래는 '정벌, 원정' 등을 뜻하나, 여기서는 '徵'과 같은 '징조'의 의미로 사용되었다.

5 時務: 당시에 급히 힘써야 할 큰일.

6 探: 원뜻은 손을 써서 모으거나 취하는 것을 가리키는데, 여기서는 '운용하다'의 뜻으로 사용되었다.

10. 계교

巧

보통의 일도 직접 할 수 없을 때는 반드시 계교를 부리는데, 하물며 군대를 운행함에 있어서랴! 적이 장점으로 여기는 곳을 잘 격파하여, 적으로 하여금 공격하거나 수비할 때 의지할 곳을 잃어버리게 하고, 물러나거나 분산할 때 능숙하게 할 수 없게 하는 계교, 이것을 곤제지교困制之巧[1]라 한다.

우리의 약점을 보여줘서 적을 소홀하게 하고, 뇌물을 바쳐서 교만하게 하며, 처한 상황에 익숙하게 해서 안심시키고, 평범한 공격을 되풀이하여 가볍게 여기게 하며, 때때로 격돌하여 적의 힘을 소모시키고, 거짓 공격으로 놀라게 하여 방비하게 하며, 약점을 후벼 파거나 꾸짖어서 화나게 하는 것, 이것을 우매지교愚侮之巧[2]라 한다.

세우려는 병법이 예전에 있었던 방법이 아니어서, 한 번 사용할

---

1 곤제지교困制之巧: 적을 곤란하게 만들고 변화를 제어하는 계교.
2 우매지교愚侮之巧: 우롱하고 업신여기는 계교.

수는 있으나 두 번 사용할 수 없는 것으로, 홀로 만들어서 혼자서 알고 있는 것, 이것을 억공지교臆空之巧[3]라 한다.

한 번은 직접 공격하고 한 번은 우회적인 방법으로 공격하고 갑자기 깊이 침입해 들어갔다가 갑자기 주변을 쳐서, 적으로 하여금 미혹하게 하여 압박을 받게 하는 것, 이것을 곡입지교曲入之巧[4]라 한다.

살고자 하여 위험을 무릅써 위험에서 벗어나고, 편안함을 뒤집어서 위태롭게 하여 편안함을 회복하며, 삶을 버리고 죽음으로 나아가거나 죽음으로 향하다가 삶을 얻는 것으로 일을 이루는 것, 이것을 반출지교反出之巧[5]라 한다.

事不可以徑[6]者必以巧, 況行師乎! 善破敵之所長, 使敵攻守失恃, 逃散不能, 是謂困制之巧; 示弱使忽, 交納[7]使慢, 智處使安, 屢常使玩, 時現[8]使耗, 虛驚使防, 挑罵使怒, 是謂愚侮之巧; 所設法, 非古有法, 可一不可再, 獨造而獨智, 是謂臆空之巧; 一徑一折,[9] 忽深忽淺, 使敵迷而受制, 是謂曲入之巧; 以活行危而不危, 翻安爲危而復安, 舍生趨死, 向死得生以成事, 是謂反出之巧.

3 억공지교臆空之巧: 깊이 생각하여 홀로 만든 계교.
4 곡입지교曲入之巧: 재빠르게 군대를 진격하게 하는 계교.
5 반출지교反出之巧: 반대로 용병술을 내는 계교.
6 徑: 원래 '지름길'을 가리키는 말이다. 여기서는 동사로 '직접 하다'는 뜻으로 사용되었다.
7 交納: 일반적으로 '(일정량의 돈이나 실물을) 납부하다. 내다'의 뜻으로 쓰인다. 여기서는 '(뇌물로) 바치다'의 뜻이다.
8 現: 원래는 '출현하다, 드러내다'는 의미이나, 여기서는 '습격하다'의 뜻이다.
9 折: 원래 활처럼 굽은 것을 가리키나, 여기에서는 '우회하는 방법'을 뜻한다.

11. 책략

謀

전쟁할 때 책략 없이 싸우지는 않는다. 따라서 책략은 최선에 이르도록 해야 한다. 모든 일에는 각각 한 번의 가장 좋은 기회가 있고, 모든 시기에는 각각 한 번의 좋은 국면이 있다. 사건의 좋은 기회를 따르고 시기의 좋은 국면에 의거하면, 책략이 가장 좋은 경지에 이르러서 유지될 수 있다. 옛날에는 세 가지 책략을 꾀했는데, 최상을 쓰는 것이 가장 좋은 것이고, 그 가운데의 책략을 써서 좋게 되는 경우가 있고, 그 아래 책략을 써서 좋게 되는 경우도 있으며, 중간 책략과 아래 책략, 두 가지를 사용하여 좋게 되는 경우도 있고, 또한 패배의 상황에 처해서도 최선의 결과를 얻는 경우가 있다. 지혜가 한 사람에게만 갖춰져 있지 않으니, 책략을 세울 때는 반드시 여러 모사를 참여시켜야 한다. 최선은 일이 최고의 결과를 얻는 것

이고. 책략이 최선에 부합하는 것이 책략이 최고의 결과를 얻는 것
이다. 중요한 일은 책략을 깊이 세워야 한다. 중요한 일을 어려움이
없게 하려면 소홀히 하게 되기 때문이다. 자질구레한 일에는 급하게
책략을 세워야 한다. 자질구레한 일을 허물없게 하려면 실패하기 때
문이다.

兵無謀不戰, 謀當底[1]於善. 事各具一善機, 時各載一善局. 隨事因時, 謀
及其善而止. 古畫[2]三策, 上爲善. 有用其中而善者, 有用其下而善者, 有兩
從之而善者, 並有處敗而得善者. 智不備於一人, 謀必參諸群士. 善爲事極,
謀附於善爲謀極. 深事深謀, 無難而易; 淺事淺謀, 無過而失也.

1 底: 원래는 '밑, 바닥, 아래' 등을 가리키는 말이나, 여기서는 동사로 '~에 이르
다, 미치다'의 뜻으로 사용되었다.
2 畫: '구분하다'나 '꾀하다' 등의 뜻으로 해석할 수 있다.

12. 계획

計

계획에는, 어리석은 이를 제어할 수는 있으나 지혜로운 자를 제어할 수 없고, 지혜로운 이를 제어할 수 있으나 어리석은 자를 제어할 수 없는 것이 있다. 어떤 경우에는 적이 우리 계획을 계획이라고 여기게 해야 하고, 어떤 경우에는 우리가 계획하지 않은 것을 계획이라고 여기게 해야 한다.

다만 계획을 세울 때 주도면밀해야만, 지혜로운 자와 어리석은 자 모두가 제압된다. 적군이 지혜로운 사람인 듯 가장하지만 실제로 어리석은 자인 경우는 어리석은 자를 대하는 방법을 시행하고, 어리석은 사람 같지만 지혜로운 사람은 지혜로운 사람을 대하는 방법을 사용하며, 매번 적이 볼 때는 대접하고 적이 의심할 때는 반대로 하면, 계획이 성공하지 않을 수 없다. 그러므로 계획은 반드시 사람의 특성에 따라서 세워야 한다.

計有可制愚不可制智, 有可制智不可制愚. 一[1]以計爲計, 一以不計爲計
也. 惟計之周, 智愚並制. 假智者而愚, 卽以愚施; 愚者而智, 卽以智投:[2] 每
遇乎敵所見, 反乎敵所疑, 則計蔑[3]不成矣! 故計必因人而設.

1 一: 여기서는 '어떤'이라는 경우를 나타내는 말로 사용되었다.
2 投: 원래는 '던지다, 내버리다'의 뜻이나, 여기서는 '사용하다'의 뜻이다.
3 蔑: 원래는 '멸시하다, 업신여기다'의 뜻이나, 여기서는 '없다'는 뜻으로 사용되
었다.

13. 생산하기
生

　　생산하는 것은 번화한 나무의 뿌리이고, 신비하게 피는 꽃의 받침이다. 그러므로 계획을 잘 세우는 자는 적의 상황에 따라서 계획을 생산하고, 아군의 실정에 따라서 생산하며, 예전의 사건에 기인하여 생산하고, 병서를 따라서 생산하며, 자연의 시기와 지역적 이점, 사건과 사물의 특성에 따라서 생산하고, 자연의 법칙과 대조하여 생산하며, 연구를 반복하여 생산한다. 갑작스럽게 만들어지는 것은 없고, 실정에 근거해서 만들어내는 것은 있으니, 이 모든 것이 생산하는 것이다.

生者華荄¹也. 玄蒂²也. 故善計者因敵而生, 因己而生, 因古而生, 因書而生, 因天時·地利·事物而生, 對法而生, 反勘而生. 陡³設者無也, 象⁴情者有也, 皆生也.

1 華荄: '華'는 '화려한, 무성한'의 뜻이고, '荄'는 식물의 뿌리다. 여기서는 번화한 식물의 뿌리라는 말로, 생명력이 왕성하다는 의미다.

2 玄蒂: '玄'은 '심오하고 오묘하다'는 말이고, '蒂'는 꽃이나 열매가 가지와 연결되는 부분을 말한다. '華荄'와 같은 의미로 사용되었다.

3 陡設: '陡'은 원래 '험난하다'는 뜻을 가리키나, 여기서는 '갑자기'라는 의미로 사용되었다. 따라서 '陡設'은 '갑작스럽게 세운 계획, 혹은 의도치 않게 생겨나는 계획'을 말한다.

4 象: 코끼리를 본뜬 글자로, '본뜨다, 닮다, 본받다'의 의미로 주로 사용되지만, 여기서는 '근거하다'는 뜻으로 쓰였다.

14. 변화 주기

變

　일의 형편은 정해지지 않은 상황에서 바뀌기도 하고, 또 정해진 상황에서 바뀌기도 한다. 항상 실행하는 것을 가지고 변화를 주며, 항상 변하는 것을 다시 변화를 주면, 변화는 곧 끝이 없다. 실행할 만하면 거듭 사용하는데 거듭 사용하는 것이 곧 변화하는 것이다. 이것은 적이 변화를 헤아리기 때문에 우리는 변화를 주지 않는 것이다.

　실행할 수 없으면 변화를 주는데, 변화를 주는 것은 곧 거듭 사용하는 것이다. 이것은 적이 그 변화 줄 것을 알아차리기 때문에 변화를 이중으로 주는 것이다. 예컨대 만 가지로 변화하는 구름이 하나의 기운을 따르고, 천 가지 파도가 하나의 물결에서 비롯되는 것과 같으니, 이것을 옳다고 여기다가 곧이어 이것을 옳지 않게 여기게 되는 것이다.

　事幻於不定, 亦幻於有定. 以常行者而變之, 復以常變者而變之, 變乃無窮. 可行則再, 再卽變, 以其擬變而不變也. 不可行則變, 變卽再, 以其識變而復[1]變也. 如萬雲一氣, 千波一浪.[2] 是此也, 非此也.

1　複: '변화를 주고, 그 변화에 다시 변화를 주어서 처음대로 한다'는 말이다. 따라서 '이중으로 준다'고 풀이했다.
2　萬雲一氣, 千波一浪: '만 가지 구름의 모양은 하나의 수증기에서 시작되고, 천 가지 파도는 하나의 물결에서 비롯된다'는 뜻으로, 승리를 취한다는 동일한 목적이지만, 다양한 방법을 사용하여 적을 혼란에 빠트린다는 말이다.

15. 누적하기
累

　우리가 이 방법으로 적을 제압할 수 있으면, 적도 이 방법으로 우리를 제압할 수 있다고 생각해서, 하나의 방어막을 설치한다. 우리가 이 방어막으로 적이 제압하는 것을 막을 수 있으면, 적도 곧 이 방어막으로 우리가 제압하는 것을 막을 수 있다. 그래서 적의 방어막을 깨뜨리는 방법을 하나 더 설치한다. 우리가 적의 방어막을 깨면, 적도 우리의 방어막을 깨뜨릴 수 있으니, 또한 적이 우리를 깨뜨린 것을 파괴하는 방법을 하나 더 세워야 한다. 적이 이윽고 우리가 파괴한 방법을 깨뜨릴 수 있으면, 적이 우리가 파괴한 방법을 깨뜨린 것에 대해서 우리는 다시 파괴할 방법을 하나 더 세워야 한다. 우리가 파괴한 방법을 깨뜨린 적의 방법을 우리가 파괴하고 나면, 또 우리는 파괴한 방법을 견고하게 해서 적의 깨뜨림을 막을 수 있

어야 하고, 우리가 파괴한 방법을 거듭하여 적에게 깨뜨려지지 않게
할 수도 있어야 한다. 방법을 번갈아가며 만들어내고, 일을 좇아서
계속해서 발전하니, 심오하고 심오하다!

我可以此制人, 卽思人亦可以此制我, 而設一防; 我可以此防人之制, 人
卽可以此防我之制, 而增設一破人之防; 我破彼防, 彼破我防, 又應增設一
破彼之破: 彼旣能破, 複設一破乎其所破之破: 所破之破旣破, 而又能固
我所破, 以塞彼破, 而申我破, 究不爲其所破. 遞[1]法以生, 踵[2]事而進, 深
乎深乎!

1 遞: '교체하다, 번갈아 하다'라는 말이다. 여기서는 적과 우리 사이에 방어와 파
괴하는 방법을 서로 연속해서 생산하는 것을 의미한다.
2 踵: 원래는 '발꿈치'를 가리키는 말이나, 여기서는 '뒤쫓다, 계속하다'라는 말이다.

16. 전환하기

轉

지키는 자가 한 명이면, 적의 공격수 열 명을 충분히 막을 수 있다. 이것이 일반적인 이론이다. 그러나 이 병법을 전환한 방법을 실행할 수 있으면 그 형세가 배가 되거나 반전될 수 있다.

예컨대 우리가 열 명으로 한 명을 공격할 경우, 만약 그 상황을 전환할 수 있으면, 곧 적의 병력은 그 한 명을 그대로 사용하는데 우리가 아군 열 명을 열로 나누어 공격할 수 있다. 이것은 백 명을 가지고 한 명을 치는 효과를 누릴 수 있다. 우리가 열 명으로 적병 열 명을 공격할 경우, 만약 그것을 전환할 수 있으면, 우리는 그 열 명을 그대로 운용하지만 적은 열 명에서 아홉 명을 축소해야 한다. 이것은 열 명을 가지고서 한 명을 공격하는 효과를 누릴 수 있다. 우리가 한 명으로 적의 병사 열 명을 공격할 경우, 만약 그것을 전환할 수 있으면, 적은 단지 한 명을 상대하는 것이지만 우리는 적군 열 명을 대적하는 효과를 누릴 수 있는 것이다. 이것이 한 명을 가지고 한 명을 공격하는 것이다.

그러므로 병법을 잘 운용하는 자는, 나와 적의 형세를 변화시키고, 많은 수와 적은 수를 옮기며, 수고로운 시기와 편안한 시기를 뒤집고, 이로운 형세와 해로운 형세를 바꾸어놓고, 순종해야 할 상황과 거역해야 할 상황을 바로잡아야 하고, 오만한 정세와 위태로운 정세를 뒤집을 수 있다. 형세를 전환하고 아울러 생각을 전환하여, 어려운 상황과 위태로운 형세를 적에게 주고, 쉬운 상황과 좋은 형세를 우리에게 돌리는 것이 전환의 최고 경지다!

守者一, 足敵攻之十, 此恒[1]論也. 能行轉[2]法, 則其勢倍反. 如我以十攻一, 苟能轉之, 則彼仍其一, 而我十其十, 是以百而擊一. 我以十攻十, 苟能轉之, 則我仍其十, 而彼縮其九, 是以十而擊一. 我以一攻十, 苟能轉之, 則敵止當一, 而我可敵十, 是以一而擊一.

故善用兵者, 能變主客之形, 移多寡之數, 翻勞逸之機, 遷利害之勢, 挽順逆之狀, 反驕厲之情. 轉乎形並轉乎心, 以艱者危者予乎人, 易者善者歸乎己, 轉之至者也!

---

1 恒: '보편적, 일반적인'의 의미다.
2 轉: '형세를 전환시키다'라는 말이다.

17. 융통성 발휘
活

융통성은 여러 가지가 있다. 오래하거나 잠시 할 수 있는 것은 시기에 대한 융통성이고, 진전하거나 후퇴할 수 있는 것은 땅의 형세에 대한 융통성이며, 오고 갈 수 있는 것은 도로의 사정에 따른 융통성이고, 군대를 나누거나 전환하여 이동하는 것은 전쟁의 기세에 따라 융통성을 발휘하는 것이다.

병사는 반드시 융통성이 있고 난 이후에 움직이고, 계획은 반드시 융통성이 있은 이후에 실행한다. 다만 융통성을 발휘하면서도 핵심이 되는 것에는 힘써야 한다. [또한] 핵심이 되는 것을 운용하는 상황에서도 융통성을 부릴 수 있어야 한다. 예비로 보충할 병력이 없으면 이를 고군孤軍[1]이라 하고, 구원할 계책이 없으면 이것은 궁책窮策[2]이라 한다.

---

1 고군孤軍: 고립되어 구원을 받을 데가 없는 군대.
2 궁책窮策: 궁여지책窮餘之策의 준말. 어찌할 수 없어 구차하게 짜낸 계책.

　活有數端: 可以久·可以暫者, 活於時也; 可以進·可以退者, 活於地也;
可以來·可以往, 則活於路; 可以磔[3]·可以轉, 則活於機. 兵必活而後動, 計
必活而後行. 第活中務緊, 緊處尋活. 無留接[4]是爲孤軍, 無救着[5]是云窮策.

3　磔: 고대에서 사용한 가혹한 형벌로 사지를 찢어서 분열시키는 것이다. 여기서
　는 '분열하다, 나누다'의 의미로 사용되었다.
4　留接: '남아서 대응 업무를 시행하는 병력'을 말한다.
5　着: 원래 '놓다, 붙이다'의 뜻이나, 여기서는 '계책, 수단'을 가리킨다.

18. 의심하기

疑

전쟁은 속이는 행위이니 반드시 의심해야 하지만, 근거 없이 의심하면 반드시 패한다.

兵詭必疑, 虛¹疑必敗.

1 虛: 조금도 근거할 것이 없는 것을 가리킨다.

19. 실수 유도

誤[1]

적을 이기는 요점은 다만 힘으로써 적을 제압하는 것에 있을 뿐만 아니라, 술수를 써서 적이 실수하게 하는 데에도 있다. 우리에게 잘못된 방법을 써서 실수하게 하거나 적이 스스로 실수한 것에 기인하여 실수하게 한다. 적이 믿는 것에서 실수하게 하고, 적이 이롭다고 여기는 것에서 실수하게 하며, 적이 서툰 것에서 실수하게 하고, 적이 지혜롭다고 여기는 것에서 실수하게 하며, 또 적이 변화를 겪는 과정에서 실수하게 한다.

도발하는 척하다가 실제로 공격하면, 적이 알아차려도 우리는 적으로 하여금 실수하게 하고, 저들이 실수하면 우리는 알아차릴 수 있다. 그러므로 병법을 잘 운용하는 사람은 적을 실수하게 하고 적 때문에 실수하지 않는다.

克敵之要, 非徒以力制, 乃以術誤之也. 或用我誤法以誤之, 或因其自誤
而誤之. 誤其恃, 誤其利, 誤其拙,[2] 誤其智, 亦誤其變. 虛挑實取, 彼悟而
我使誤, 彼誤而我能悟. 故善用兵者, 誤人而不爲人誤.

1 誤: 원래 '그릇되다, 도리에 어긋나다'의 뜻이나, 여기서는 계책을 사용하여 '(적
들로 하여금) 착오를 일으키게 하다'는 의미로 사용되었다.
2 拙: '서투르다, 어리석다, 둔하다'의 뜻을 가리키는 글자다.

20. 역으로 하기

左[1]

병법의 변화에서는 그것을 역으로 사용하는 것이 가장 좋다. 좌左라는 것은 역으로 사용하여 의도에 맞추는 것인데, 우리에게 해가되는 것으로 〔우리를〕 이롭게 하는 것이다. 계획과 반대로 행하는 것은 일을 역으로 하는 것이고, 자기 것으로 적에게 보내는 것은 그 형세를 역으로 사용하는 것이며, 지나갈 때 우회하여 멀리 돌아가는 도로를 택하는 것은 빨리 가야 하는 상황을 역으로 이용한 것이다. 공격하여 빼앗기 쉬워도 공격하지 않고, 적의 땅을 빼앗아도 지키지 않으며, 상황이 유리해도 나아가지 않고, 모욕을 당해도 아랑곳하지 않으며, 포로를 풀어주어도 우리 진영에 머무르게 하지 않는다. 어려운 곳에서도 앞서는 경우가 있고, 험난해도 가는 경우가 있으며, 죽을 상황에서도 뛰어나가는 경우가 있고, 걱정스러워도 돌보지 않

으며, 병사가 많아도 쓰지 않고, 적에게 보탬이 있어도 기뻐하는 것
등이 모두 역으로 하는 것이다.

　역은 적합할 때 사용하는 것이니, 적절한 역이 승리를 얻는 것이다.
만약 역으로 해야 할 상황인데 그것을 다시 역으로 하면 실패한다.

　兵之變者無如左. 左者以逆爲順, 以害爲利; 反行所謀左其事, 以己資人
左其形, 越取迂遠左其徑. 易而不攻, 得而不守, 利而不進, 侮而不遏,² 縱
而不留. 難有所先, 險有所踏, 死有所趨, 患有不恤, 兵衆不用, 敵益而喜,
皆左也. 適可而左, 則適左而得, 若左其所左, 則失矣.

1　左: '(정통적이지 않은) 학술이나, 종교 유파'를 말하나, 여기서는 '병법을 역으
로 사용하는 것'을 의미한다.
2　遏: '막다, 저지하다'의 뜻이나, 여기서는 의미를 미루어서 '아랑곳하다'로 해석
했다.

21. 옹졸하게 하기

拙

강한 적을 만날 때는 방어벽을 견고하게 하고, 간혹 물러나서 지킬 때는 옹졸하게 해야 한다. 적에게 승장이라는 명성이 있는 것은 우리에게 손해될 것이 없다. 모욕적인 말은 받아들일 수 있고 병력이 추가되는 것을 피할 수 있으며, 계책을 걸어오면 걸려든 것처럼 할 수 있어야 하니, 대개 이 모든 것은 어수룩하고 옹졸하게 행동할 수 있어서 그리하는 것이다.

심지어 적에게 뛰어난 계책이 없더라도 우리는 외부에 근심거리가 있는 듯해야 하고, 적이 본래 유약하여 공격할 뜻이 없어도 우리는 견고하게 하여 기다려야 하니, 대체로 이 모든 것은 옹졸하게 행동할 필요가 없지만 옹졸한 듯이 행동하는 것으로 실패가 없다.

차라리 우리 편에게 부질없이 방어하게 하는 경우가 있더라도,

적들로 하여금 실제 성과를 얻도록 해서는 안 된다. 옛 전쟁을 두루 살펴보면, 마침내 옹졸함으로 명장을 물리쳐서 완전한 공적을 이룬 경우가 있다. 그러므로 "힘든 일을 마다하지 않는 장수力將는 겁먹은 듯 어수룩하게 보일 때가 있다"고 했다.

遇强敵而堅壁,[1] 或退守時, 宜拙也. 敵有勝名, 於我無損, 則侮言可納, 兵加可避, 計來可受, 凡此皆可拙而拙也. 甚至敵無奇謀, 我有外慮; 敵本雌伏,[2] 我以勁待, 凡此皆不必拙而拙, 無失也. 寧使我有虛防, 無使彼得實著. 歷觀古事, 竟有以一拙敗名將而成全功者. 故曰: 力將當有怯時.

1 堅壁: '방어벽을 견고하게 하다'라는 말로, '지키고 싸우지 않다'는 뜻이다.
2 雌伏: '雌'는 원래 새의 암컷을 뜻하는 말이나 여기서는 '유약하다'는 말이니, '雌伏'은 '유약하여 엎드려서 어떤 행동을 취할 뜻이 없다'는 것을 의미한다.

22. 예측하기
預

　　대체로 의도치 않게 닥친 일에는 마음이 반드시 놀라고, 마음이 놀라면 짧은 순간에 계획을 세울 수 없으니 실패의 징조가 된다.

　　병법가가 수천 명이고 피해에 대처하는 방법이 만 가지이지만, 반드시 적의 기습에 어떻게 대응하는가, 적의 돌격을 어떻게 막아내는가, 양면으로 공격을 받을 때 어떻게 병사를 배분하는가, 사면에서 쳐들어올 때 어떻게 싸우는가 하는 것에서 벗어나지 않는다. 모든 곤란하고 위험한 경우에 속하는 전쟁은 반드시 예측해서 계획을 세워 나누어 분포시켜야 하니, 반드시 일정한 방법을 세워두고, 아울러 정해지지 않은 법을 계산해둬야 한다. 그렇게 한 이후에 마음이 편안해지고 기분이 안정되어, 마침내 적을 만나서 놀라지 않을 것이니, 계란을 쌓아놓아도 위태로움은 없을 것이다.

옛 선인들이 군사를 운용할 때, 위태로움을 이겨내고 어려움에서 벗어나며 편안히 행동하고 근심이 없었던 것은, 반드시 기이한 지략이 있어서가 아니라, 단지 예측했기 때문이다.

凡事以未意而及者, 則心必駭, 心駭則倉猝[1]不能謀, 敗征[2]也. 兵法千門, 處傷萬數, 必敵襲如何應, 敵沖如何擋, 兩截何以分, 四來何以戰! 凡屬艱險危難之事, 必預籌而分布之, 務有一定之法, 並計不定之法, 而後心安氣定, 適值[3]不驚, 累卵[4]無危. 古人行師, 經險出難, 安行無患, 非必有奇異之智, 預而已.

---

1 倉猝: 부사로 사용되었으며, '급작스럽다, 갑작스럽다'는 말이다.
2 征: '徵'과 같이 사용되며, 어떤 일의 '징조'를 의미한다.
3 適值: '適'은 '마침'을 뜻하는 부사이고, '値'는 '만나다'는 뜻의 동사다. 즉 '마침내 적을 만나다'는 뜻이다.
4 累卵: '쌓아놓은 알'이라는 뜻으로, '무너져 손상을 입기 쉽다'는 뜻이다. 위험한 곳을 비유한 말로 사용되었다.

23. 번갈아 하기

迭

대개 계획을 쓰는 사람은 하나의 계획을 단독으로 실행하지 않고 반드시 여러 계획을 두어 보조한다. 여러 계획으로 하나의 계획을 보조하고, 매우 많은 계획 가운데 몇 가지 계획을 가다듬어 이것을 익숙하게 익히면 병법다운 병법이 생겨난다.

만약 그 가운데 적중하는 경우가 있더라도 우연이고, 마침내 승리하는 것도 그 시기를 잘 만났기 때문이다. 그러므로 병법을 잘 운용하는 사람은, 계획을 실행할 때 실제 시행되는 것에 힘쓰고, 교묘한 계획을 운용할 때는 반드시 손해 볼 경우를 대비해 방비하며, 구체적인 계책을 세울 때는 발생할 가능성이 있는 변화에도 맞도록 고려하고, 하급 장수에게 명령할 때는 제한된 규율을 위반하지 않도록 막아야 한다.

이 계책이 막히면 다른 계책이 세워지고, 하나의 단서가 이루어
지면 여러 단서가 일어나며, 앞서 실행하지 않았더라도 나중에 다시
갖추어져, 온갖 계획이 번갈아가며 나오고 계산할 때 실책이 없다
면, 비록 지혜로운 장수와 강한 적을 만나더라도 제압할 수 있다.

大凡用計者, 非一計之可孤行, 必有數計以勳¹之也. 以數計勳一計, 由
千百計煉數計, 數計熟則法法生. 若間中者偶²也, 適勝者, 遇³也. 故善用
兵者, 行計務實施, 運巧必防損, 立謀慮中變, 命將杜違制. 此策阻而彼策
生, 一端致而數端起, 前未行而後復具, 百計迭出, 算無遺策,⁴ 雖智將強
敵, 可立制也.

---

1 勳: '襄'자와 통용된다. 여기서도 '돕다, 보조하다'의 의미다.
2 偶: '우연, 의도하지 않은 것'이란 뜻이다.
3 遇: '기약하지 않았는데 만나는 것, 우연히 만나는 것'을 의미한다.
4 遺策: '실책'이란 뜻이다.

24. 주도면밀
周

군대에서 처리해야 할 일은 번거롭고 많아서, 지켜야 할 법 또한 번거롭고 복잡하다. 크게는 군대의 대열을 경영하는 것과 진법陣法을 실행하는 것에서부터, 작게는 입고 먹고 자고 거처하는 것에 이르기까지 모두 빈틈을 보여서 위태로움에 이르게 해서는 안 된다.

그러므로 고려하지 못한 것에도 생각을 펼쳐야 하고, 방비하지 못하는 것에는 법을 만들어 대응하여 강한 적을 대면해도 두렵지 않고 작은 적을 대면해도 업신여기지 않아야 한다. 두루 널리 미치기를 계획하여 다른 것에 의지하지 않는 것이 주도면밀함의 극치다.

處軍之事煩多, 爲法亦瑣. 大而營伍行陣,[1] 小而衣食寢居. 總不可開隙趨危. 故攄[2]思於無慮, 作法於無防, 敵大勿畏, 敵小勿欺.[3] 計周靡恃,[4] 爲周之至.

1 營伍行陣: '營'은 '경영하다, 운영하다'의 뜻이고, '伍'는 원래 군대를 구성하는 가장 작은 단위이나, 여기서는 '군대의 대열'을 의미한다. '行'은 '운행하다, 실행하다'라는 뜻이고, '陣'은 진법을 가리킨다.

2 攄: '펴다, 생각 등을 펼치다'의 뜻이다.

3 欺: 원래는 '속이다'의 뜻이나, 여기서는 '업신여기다, 경시하다'의 뜻으로 사용되었다.

4 靡恃: '(어떤 것)에 의지하지 않는다'는 말로, 준비를 철저하게 하는 것을 뜻한다.

25. 신중히 하기

謹

병법을 운용하는 것은, 이螭[1]의 거처와 교蛟[2]의 동굴을 지나갈 때 바람과 물결의 위험이 있는 것과 같으니, 이의 거처와 교의 동굴은 지나가면 곧 안전하다. 대장의 경우도 위험하지 않을 때가 없으니, 신중하지 않아야 할 때가 없어야 한다. 군대에 진입할 때는 마치 정탐꾼이 있는 듯이 해야 하고, 국경을 나갈 때는 교전에 임하듯 장중해야 하며, 적의 물자를 획득할 때는 손해가 없는지 검증해야 하고, 산림이 험하고 장애가 있는 지형을 만나면 반드시 적의 간교한 책략이 있는지 살펴보아야 하고, 적이 쳐들어올 때는 다른 계책이 있는지 생각해야 하며, 우리가 진격할 때는 반드시 계략을 넉넉하게 마련해야 한다. 신중히 군대를 운용하는 것은 최고의 원칙이다.

用兵如行蝎宮蛟窟, 有風波之險, 蝎宮蛟窟, 渡則安也. 若大將則無時非危, 當無時不謹. 入軍如有偵, 出境儼臨交, 獲取驗[3]無害, 遇山林險阻必索奸.[4] 敵來慮有謀, 我出必裕計. 慎以行師, 至道也.

1 이螭: 뿔 없는 용.
2 교蛟: 깊은 연못에 살면서 홍수를 일으킬 수 있는 용.
3 驗: '검증하다, 증험하다'의 동사로 사용되었다.
4 奸: 적의 간사한 계책을 가리킨다.

26. 정보

知

미묘하고 미묘하다! 적군을 정탐하는 일이여. 자신의 의도에 따라 추측하고 상식으로 말하는 것보다는, 정보 파악의 네 가지 방법에 의거하여 그 실정을 정탐하여 얻는 것이 낫다. 첫 번째는 '통通(적과 서로 왕래하는 이)'이고, 두 번째는 '첩諜(파견된 간첩)'이며, 세 번째는 '정偵(조직적인 정찰)'이고, 네 번째는 '향鄕(길라잡이)'이다. 적과 왕래하는 이〔通〕를 통해서는 적의 계획과 모략을 알 수 있고, 간첩〔諜〕을 통해서는 적의 부실한 곳과 충실한 곳을 탐지할 수 있으며, 정찰조〔偵〕를 통해서는 적의 움직임과 출몰의 정황을 파악할 수 있고, 길라잡이〔鄕〕를 통해서는 산천의 우거진 정도, 인근 도로의 돌아가는 방법, 지세의 험하고 평탄한 정도 등을 알 수 있다.

계획과 모책을 알면 깨뜨리는 방법을 알 수 있고, 부실한 곳과 충

실한 곳을 알면 공격할 곳을 알 수 있으며, 움직임과 출몰의 정황을
파악하면 빈틈을 노리는 시기를 알 수 있고, 산천·도로 등의 형세를
훤히 알면 진군할 지역을 알 수 있다.

微乎微乎! 惟兵之知. 以意測, 以識語, 不如四知之廉[1]得其實也. 一曰
通, 二曰諜, 三曰偵, 四曰鄉. 通, 知敵之計謀; 諜, 知敵之虛實; 偵, 知敵之
動靜出沒; 鄉, 知山川蓊翳,[2] 里道迂回·地勢險易. 知計謀則知所破, 知虛實
則知所擊, 知動靜出沒則知所乘, 知山川里道形勢則知所行.

1 廉: 원래 뜻은 '(집의 굽은) 모퉁이'이나, 여기서는 '조사하다, 정찰하다'의 뜻으
로 사용되었다.
2 蓊翳: '蓊'은 무성하여 빽빽한 모양을 형용하고, '翳'는 덮여 가려지는 것을 의미
한다. 따라서 '蓊翳'는 풀과 나무가 무성한 정도를 형용한 말로 쓰였다.

27. 이간질

間

　　이간질〔間〕이라는 것은, 적의 심복心腹을 제거하고 적이 아끼는 장수를 죽여서, 적의 계획과 모략을 어지럽히는 것이다. 그 방법에는 생간生間[1]·사간死間[2]·서간書間[3]·문간文間[4]·언간言間[5]·요간謠間[6] 등이 있고, 음악을 쓰는 방법〔用歌[7]〕·뇌물을 사용하는 방법〔用賂[8]〕·물품을 사용하는 방법〔用物[9]〕·벼슬을 쓰는 방법〔用爵[10]〕·적을 쓰는

1　생간生間: 적의 진영에 먼저 사람을 보내서 적을 이간질하여 정보를 캐는 것.

2　사간死間: 정보를 캐다가 발견되면 그를 죽이는 것.

3　서간書間: 조작된 편지를 흘려보내 적을 이간질하는 것.

4　문간文間: 고의로 우리의 작전 계획 문서를 잃어버려 적을 속임수에 빠지게 하는 것.

5　언간言間: 유언비어를 퍼뜨려 서로 시기하게 하는 것.

6　요간謠間: 동요를 허구로 만들어서 적군에 널리 퍼뜨리는 것.

7　用歌: 용가. 음악이나 가곡을 사용하여 적의 사기를 떨어뜨리는 방법.

8　用賂: 용뢰. 귀중품을 보내 적의 주요 장수나 중신重臣으로 하여금 참언하게 하는 방법.

9　用物: 용물. 물품을 진상하여 적의 경각심을 풀어지게 하는 방법.

10　用爵: 용작. 벼슬을 준다고 허락하여 적에게 우리를 위해 충성하도록 하는 방법.

방법[用敵[11]]·고향의 사람을 쓰는 방법[用鄕[12]]·뜻을 같이하는 사람을 쓰는 방법[用友[13]]·여인을 쓰는 방법[用女[14]]·은혜를 베푸는 방법[用恩.[15]], 위세를 쓰는 방법[用威[16]] 등이 있다.

間者, 祛[17]敵心腹·殺敵愛將, 而亂敵計謀者也. 其法則有生·有死·有書·有文·有言·有謠·用歌·用賂·用物·用爵·用敵·用鄕·用友·用女·用恩·用威.

11 用敵: 용적. 매수나 다른 방법을 써서 적의 간첩에게 배신하게 하는 방법.

12 用鄕: 용향. 적국에 있는 고향 사람을 이용하여 우리에게 정보를 제공하게 하는 방법.

13 用友: 용우. 우리 편으로 적 가운데 있는 이에게 정보를 수집하게 하는 방법.

14 用女: 용여. 여색을 써서 적을 이간질하거나 정보를 얻는 방법.

15 用恩: 용은. 적국의 백성에게 은혜를 베풀어 우리에게 정보를 제공하거나 기타 지원을 하게 하는 방법.

16 用威: 용위. 우리의 위세를 떨쳐서 적을 두렵게 하거나 분열시키는 방법.

17 祛: '없애버리다, 제거하다'의 뜻이다.

28. 기밀 유지

秘

모략은 기밀을 유지하는 것에서 이뤄지고, 새어나가는 것에서 실패한다. 따라서 군대의 일은 기밀 유지보다 더 중요한 것이 없다. 한 사람의 일이 두 사람에게 새어나가지 않아야 하고, 다음 날 실행될 일이 오늘 새어나가지 않아야 한다. 그것을 세밀하게 추진하여 조그만 틈에서도 드러나지 않도록 신중히 해야 한다.

일할 시점에 기밀을 유지할 수 있으면 말하는 사이에 새어나올까 두려워해야 하고, 말할 때 기밀을 유지할 수 있으면 용모에서 드러날까 두려워해야 하며, 용모에서 기밀을 유지할 수 있으면 얼굴빛에서 드러날까 두려워해야 하고, 얼굴빛과 성량에서 기밀을 유지할 수 있으면 잠자는 사이에 새어나올까 두려워해야 한다.

행동할 때는 그 실마리를 숨기고, 사람을 등용할 때는 그 입을 막

아야 한다. 그러나 말할 만한 것은 또한 꺼리지 않고 먼저 드러내어
성실하게 대한다는 믿음을 보여야 하니, 평소에 비밀을 만들지 않는
것이 비밀을 유지하게 하는 방법이다.

謀成於密, 敗於泄. 三軍[1]之事, 莫重於秘. 一人之事, 不泄於二人; 明日所
行, 不泄於今日. 細而推之, 慎不間發. 秘於事會,[2] 恐泄於語言: 秘於語言,
恐泄於容貌; 秘於容貌, 恐泄於神情;[3] 秘於神情, 恐泄於夢寐. 有行而隱
其端, 有用而絶其口. 然可言者, 亦不妨先露, 以示信推誠, 有素不秘, 所以
爲秘地也.

1 三軍: 주周나라의 제도로 제후의 대국에는 삼군이 있었는데, 중군中軍이 지위
가 가장 높고, 상군上軍이 다음이고, 하군下軍이 그다음이다. 일군一軍은 1만2500명
으로 구성되었다. 또한 보병, 거병, 기병을 삼군이라고 하기도 했다. 여기서는 군대
의 통칭으로 쓰였다.
2 事會: '會'는 '시기, 시점'을 의미한다. 따라서 '事會'는 '일하는 시기'를 가리키는
말로 해석할 수 있다.
3 神情: 얼굴빛, 표정, 안색, 기색 등을 가리킨다.

법부
法部

군대를 일으킬 때[興]는, 오직 임금은 위임[任]을 잘해야 하고, 장군[將]은 병사를 화목하게 해야 한다[輯]. 재주[材]와 능력[能]에서 선봉[鋒]이 되는 병사는, 단결시키면서[結] 제어해야 하고[馭], 단련시키면서[練] 격려해야 하며[勵], 억제하면서[勒] 자상하게 돌봐야 한다[恤]. 전쟁 수행의 능력 여부를 비교 검토하고[較], 군대가 정예[銳]가 되고 식량[糧]이 충분하게 해야 하니, 그런 이후에야 행군[行]할 수 있다.

이동[移]하거나 주둔[住]할 곳을 살펴볼 때는, 반드시 빠르게 움직일[趨] 수 있는 곳을 얻어야 하고, 지형[地]적 이로움[利]에 대해 숙지한 이후에 진지[陣]를 구

측할 수 있어야 한다. 명령에 엄숙[肅]할 수 있고, 운용할 때 자유자재[野]로 움직일 수 있으며, 과장하기[張]에 뛰어나고, 축소시키기[斂]에 능하며, 적군에게 순응하는 척하면서[順] 도발하고[發] 적군의 공격을 막아내면서[拒] 동요시키기[撼]에 능숙해야 한다. 그렇게 한 이후에 적군을 맞이하여 싸우는 방법[戰]을 강구할 수 있다.

서로 마주쳐 싸울 때[搏]에는, 반드시 군대를 분산하거나[分] 교대하는 것[更]에 능숙하게 하고, 싸움을 지연하거나[延] 신속히 하는 것[速]에 밝아야 하며, 적군을 견제하거나[牽] 여러 방면으로 친분 맺는 방법[句]을 운용하며, 적군이 바라는 것을 일부러 내어주고[委] 아군을 진중하게[鎭] 하는 경지에 이르러야 한다. 그렇게 한 이후에야 적을 제압하고 승리[勝]할 수 있다.

그러나 장수는 반드시 사람을 보전하고[全] 자기 자신을 감추는[隱] 전술을 깊이 도모해야 한다.

軍之興也, 唯上善任, 唯將輯[1] 兵. 於材能鋒穎之士, 結而馭之, 練而勵之, 勒而恤之, 較閱能否, 兵銳糧足, 而後可以啟行. 迨[2] 相[3] 移住, 必得所趨, 稔[4] 於地利而後可以立陣. 能肅·能野·能張·能斂·能順而發·拒而撼, 而後可以逆戰.[5] 及搏則必善於分更, 明於延速, 運乎牽句, 以迨委鎭, 而後可以制勝. 然必深圖一全人隱己之術也.

1 輯: '화목하다, 단결하다'의 의미로 사용되었다.
2 迨: '~할 때 이르러, ~가 되면'의 뜻을 나타내는 시간이나 조건을 표시하는 접속사로 쓰였다.
3 相: 보통 '서로'나 '돕다'는 뜻으로 사용되나, 여기서는 '자세히 살펴보다'라는 동사의 뜻으로 사용되었다.
4 稔: 원래는 '(곡식이) 익다'는 뜻이나, 여기서는 '익숙하게 하다, 숙지하다'의 의미로 사용되었다.
5 逆戰: 여기서 '逆'은 원래의 뜻인 '거스르다'의 의미로 사용된 것이 아니라 '맞이하다'는 뜻으로 쓰였다. 따라서 '逆戰'은 '적을 맞이하여 싸우다'는 의미다.

29. 군대 일으키기

興

　대개 군사를 일으킬 때는, 반드시 큰 형세에서 먼저 할 일과 나중에 할 일, 천천히 할 일과 급하게 할 일을 구분해서 일을 배정하고, 적과 나의 실정과 형세, 이익과 손해를 짐작해서 병법을 시행해야 한다. 총괄하면 자기를 보호하고 적을 제압하는 것에 목적이 있다.

　혹 외부를 엄격하게 경계하여 내부를 보호하기도 하고, 혹은 근본을 견고하게 하여 자기 토대를 확장하며, 혹은 적의 날개를 잘라서 적의 세력을 고립시키고, 혹은 우두머리를 사로잡아 나머지 무리를 분산시키며, 혹은 강한 적의 군대를 공격하여 약한 군대를 두렵게 한다. 혹은 적대시하거나 화친하고, 혹은 괴롭게 하거나 어루만지고, 혹은 포위하거나 지켜주고, 혹은 먼 곳에서 습격하거나 가까운 곳에서 공격한다. 두 가지를 겸하여 행하기도 하고, 오로지 하나의 방법에 힘쓰기도 한다.

여러 조건을 따져 자세히 살피고, 병서에서 두루 참고하여 헤아려보며 확실한 것을 정한다. 또 자세한 사정을 알아 이를 미루어서 행군하고 이리저리 옮겨가며 변화에 대비할 수 있으면, 전쟁을 벌여 나가더라도 크게 이길 수 있을 것이다.

凡興師,[1] 必分大勢之先後緩急以定事, 酌[2]彼己之情形利害以施法, 總期[3]於守己而制人. 或嚴外以衛內, 或固本以擴基, 或剪羽以孤勢, 或擒首以散餘, 或攻強以震弱, 或拒或交, 或剿[4]或撫, 或圍或守, 或遠或近, 或兩者兼行, 或專力一法. 條[5]而審之, 參而酌之, 決而定之, 而又能委曲推行, 遊移待變, 則展戰而前, 可大勝也.

1 興師: 여기서 '師'는 병사를 보내어 정벌하는 일이나, 군대를 움직이는 일을 말한다.(『周禮』「春官·肆師」: "凡師, 甸用牲于社宗, 則爲位." 賈公彥疏: "師, 謂出師征伐.") 따라서 '興師'는 이와 같은 일을 하기 위한 전술, 전략에 대해 선택·확정하는 일을 의미한다.

2 酌: 짐작하다, 고려하다.

3 期: 일반적으로 동사로는 '기약하다, 약속하다'의 뜻으로 사용되나, 여기서는 '목적을 두다, 목표를 두다'의 의미로 쓰였다.

4 剿: '피곤하게 하다, 괴롭히다'의 뜻이다.

5 條: '조건마다 하나하나 따지다'라는 뜻으로 사용되었다.

30. 위임
任[1]

임금이 군대를 제어하면 장수의 역할을 제한하게 되고, 장수가 임금의 명을 거절하면 임금을 경시하게 된다. 그러므로 장수가 전적으로 군대를 다스리면 공을 이룰 수 있고, 권한을 나누어서 다스리면 결정할 때 서로 의심하게 되며, 셋으로 나뉘면 결정을 버리는 것이며, 넷·다섯으로 나뉘면 어지러워 서로 어긋난다.

감독을 둬서도 안 된다. 감독을 두면 반드시 서로 어긋난다. 사정을 조금도 관찰해서는 안 된다. 관찰하면 반드시 소문에 속는다. 참언을 들어서도 안 된다. 참언은 질투하는 사람이 아니면 간첩이 하는 것이다.

그러므로 대장이 밖에서 임무를 수행하고 있을 때는 보고하거나 요청할 필요가 없고, 상을 주거나 처벌할 수 있으며, 기회를 살펴보

---

1 任: 주로 '임용, 신용'의 뜻으로 사용되나, 여기서는 재주 있는 이를 등용하고 장수를 임명하는 원칙을 가리킨다.

고서 진격하거나 머무를 수 있다. 또한 장수가 그 휘하의 장수를 인솔해야지, 임금이 휘하 장수를 인솔하는 것을 따라서는 안 된다. 장수를 잘 거느리는 자는 사람을 선택하여 그 임무를 전적으로 위임해야 한다.

法部
—
77

上御則掣,[2] 下抗則輕. 故將以專制而成, 分制而異, 三之則委,[3] 四之五之, 則擾而拂.[4] 毋有監, 監必相左也; 毋或觀, 觀必妄聞; 毋聽讒, 讒非忌卽間也. 故大將在外, 有不俟奏請, 贈賞誅討, 相機以爲進止. 將制其將, 不以上制將. 善將將者擇人專厥[5]任而矣.

2 掣: 원래는 '끌어당기다, 끌다'의 뜻이나, 여기서는 '제한하다'라는 의미다.
3 委: 일반적으로 '맡기다'의 뜻으로 사용되지만, 여기서는 '버리다'의 의미로 사용되었다.
4 拂: 어긋나다, 따르지 않는다.
5 厥: '그'라는 뜻으로, '其'자와 통용된다.

31. 장군

將

　장군의 종류에는 학식과 풍격을 지닌 장수〔儒將〕가 있고, 용맹한 장수〔勇將〕가 있으며, 담력과 지략이 뛰어난 장수〔敢將〕가 있고, 계교에 능수능란한 장수〔巧將〕가 있으며 기술과 재주가 뛰어난 장수〔藝將〕가 있다.

　유장儒將은 지혜롭고, 용장勇將은 싸움에 능하며, 감장敢將은 담력이 뛰어나고, 교장巧將은 적을 제압하는 데 뛰어나며, 예장藝將은 능력이 많다. 이들을 아우르면 신神과 같지 않은 것이 없으니, 모두를 갖추면 승리하지 않을 수 없다.

有儒將, 有勇將, 有敢將, 有巧將, 有藝將. 儒將智, 勇將戰, 敢將膽, 巧將制, 藝將能. 兼無不神, 備無不利.

32. 화목하게 하기

輯

화목輯睦이라는 것은 나라를 다스려 평안하게 하는 큰 법이다. 국내에서 화목하면 싸움이 일어나기 힘들고, 국경에서 화목하면 봉화대에 봉화가 오르지 않는다. 어쩔 수 없이 군대를 다스리게 되면 화목을 더욱 귀하게 여겨야 한다.

임금과 신하가 화목한 이후에 장수에게 전적으로 위임할 수 있고, 장수와 재상이 화목한 이후에 공적이 이루어지며, 장군과 사병이 화목한 이후에 공을 논하고 상을 하사할 때는 서로 추천하고 양보할 수 있어서, 위급하고 어려울 때는 서로 구해줄 수 있다. 화목이란 것은 나라를 다스리고 군대를 운용할 때 무엇과도 바꿀 수 없는 좋은 방법이다.

輯睦者, 治安之大較.[1] 睦於國, 兵鮮作; 睦於境, 燧[2]無烽. 不得已而治軍, 則尤貴睦. 君臣睦而後任專, 將相睦而後功就, 將士睦而後功賞相推, 危難相援. 是輯睦者治國行軍不易之善道也.

1 較: '較'는 보통 '견주다, 비교하다'의 뜻으로 사용되나, 여기서는 '법도, 일정한 법식' 등을 나타내는 명사로 사용되었다.

2 燧: 고대에 경계를 알리는 신호로, 낮에 연기를 놓아서 경계를 고하는 것을 '봉화烽'이라 하고, 밤에 불을 일으켜서 경계를 알리는 것을 '수燧'라고 한다. 여기서는 봉화대의 의미로 사용되었다.

33. 재주

材

왕에게는 다리·팔·귀·눈과 같이 보좌하는 신하가 있고, 대장에게도 또한 반드시 양 날개처럼 보좌하는 장수들이 있다. 그러므로 장수가 재주 있는 이를 등용하는 것은 조정에서 관리를 등용하는 것과 동등하다.

지혜로운 병사가 있다. 참모參謀, 찬획贊畫, 모주謀主 등과 같은 병사다. 계획을 세우는 임무를 맡아서 군사 기밀을 결정하며, 군대를 움직일 때는 반드시 이 병사의 의견을 구해야 한다.

용맹한 병사가 있다. 효장驍將, 건장健將, 맹장猛將, 효장梟將 등과 같은 병사다. 결전을 주요 임무로 해서 충돌에 대비하며, 무리를 인솔하고 선봉을 담당한다.

친애하는 병사가 있다. 사장私將, 수장手將, 악장幄將, 아장牙將 등과 같은 병사다. 좌우 호위를 주요 임무로 하고, 명령을 선포하고 기밀을 장악하고 있다.

　지식이 풍부한 병사가 있다. 적합한 진법에 대해 밝고 변화를 알며, 일기日氣의 변화를 살피고 구름 등을 측량하며, 비와 바람을 증험하고 지역을 환하게 숙지하며, 적의 실정에 대해 분명히 파악하고 은미한 것을 살펴 알아서 한 군대의 진전과 정지를 관장한다.

　문학적 소양을 지닌 병사가 있다. 고금古今의 전적을 깊이 연구하고, 일의 이치와 사건의 원인을 찾아내며, 의리와 절개를 지니고, 청구하는 것을 크게 하며, 편지와 격문을 짓고, 주소奏疏[1]와 전장典章[2]의 기초를 잡으며, 시와 문장에 대해 해박하다.

　술책을 잘 꾸미는 병사가 있다. 시간과 날의 길흉에 정통하고, 은밀하고 그윽한 것을 자세히 살피며, 시초점과 거북점을 잘 치고, 회피回避하는 시기를 조절하며, 독약을 제조하여 임기응변에 능해서 시기에 적절하게 사용하여 자기를 이롭게 하고 적에게 손상을 입힌다.

　수량을 계산하는 병사가 있다. 나라의 운명을 자세히 살피고, 이익과 액운을 미리 헤아리며, 습격이나 매복을 점치고, 식량과 병기구를 계산하며, 군용 물자를 통괄 관리하고, 공훈과 보상을 기록하며, 사병들의 군적을 기록하고, 행군 거리를 측량한다. 많고 적음을 잘 계산해서, 대체적으로 어긋나거나 벗어나는 일이 없게 한다.

　기술이 좋은 병사가 있다. 검객으로서 찌르고, 용맹한 병사로서

---

1 주소奏疏: 상소上疏, 주장奏章 등 신하가 제왕에게 올리는 글.
2 전장典章: 법령, 제도 등을 작성한 글.

죽음을 가벼이 여기며, 훔치거나 위협하여 빼앗고, 통달한 말로써 논변하며, 간첩으로서 속여서 적의 기지에 출입하여 기회를 엿보아 계교를 세운다.

재주가 많은 병사가 있다. 재목材木과 병기兵器의 효용성을 가늠하고, 참호 쌓을 곳을 구획하여 만들며, 무너지거나 유실된 것을 보수하고, 신기한 병기를 만들며, 무기의 크기를 바꾸고, 사정거리를 더 멀리하며, 높이를 고치고, 무게를 변화시킨다. 옛 무기를 모방하여 새로운 무기를 설계하며, 오로지 병기와 건물을 간략하게 갖추어서 공격과 수비를 완전하게 한다.

이 아홉 부류의 병사 가운데 재주를 아우르는 이가 있다. 예컨대 지혜로운 병사가 용력을 써야 할 일에 종사할 수도 있고, 용맹한 병사가 지혜로운 일을 행할 수도 있으며, 혹 지혜와 용맹을 함께 갖춘 자도 있다.

모든 재주에 통달한 병사도 있다. 지혜와 모략에 뛰어나고, 용맹하게 싸울 수 있으며, 글을 잘 짓고, 재주가 많으며, 기술 솜씨가 뛰어나고, 술책을 잘 부리는 등 통달하지 않은 곳이 없는 병사다. 이런 이는 진실로 온 나라에서 재주가 특별히 뛰어난 병사다.

이외에도 특별한 재주를 가진 이가 있다. 연극을 잘하고 춤을 잘 추며, 우스갯소리를 잘하고 적에게 꾸짖기를 잘하며, 노래를 잘하고 목소리 흉내를 잘 내며, 야간에 다니기를 잘하고 던지기를 잘하며,

멀리 뛰기를 잘하고 뛰어 오르기를 잘하며, 그림 그리기를 잘하고 요리를 잘하며, 흙손질을 잘하고 변장술에 뛰어나며, 빠르게 잘 걷는 등 모두 다 명명할 수도 없다.

그러나 대개 그 기능이, 임무를 맡겼을 때 혼란을 다스릴 수 있는 것에 속한다면, 모두 반드시 엄정하게 선별하고 철저하게 구별하여, 그가 맡은 바 일을 잘할 수 있게 해야 한다. 그렇게 한 후에야 일에는 적절하지 않은 사람이 없고, 군대에는 다스리지 못하는 일이 없어진다.

모략을 올리거나 대책을 아뢰는 일에 있어서는 그 사람의 출신, 뜻밖의 견해, 조그만 장점 등을 가리지 말고, 비록 졸병의 신분이라도 반드시 재빨리 천거하여 뽑아야 한다. 말하자면, 올리는 일은 있어도 거절하는 일은 없게 하고, 비록 의견이 좋지 않더라도 처벌을 내리지 않으면, 영웅들이 모두 이르게 될 것이다. 이것은 뭇 별이 펼쳐져 빛나는 현상과 같다.

王有股肱[3]耳目, 大將亦必有羽翼贊勳.[4] 故師之用材, 等於朝廷.

有智士, 若參謀, 亦贊畫, 亦謀主, 任帷幄而決軍機. 動必咨詢.

有勇士, 若驍將, 亦健將, 亦猛將, 亦梟將, 主決戰而備沖突, 率衆當先.

有親士, 若私將, 若手將, 若幄將, 若牙將, 主左右宿衛, 宣令握機.

有識士, 曉陣宜, 知變化, 望景氣, 測雲物, 驗風雨, 悉地域, 灼敵情, 知

---

3 股肱: '股'는 '넓적다리'를, '肱'은 팔뚝을 상형한 글자로, '股肱'은 팔다리와 같은 신하, 즉 군주를 보좌하는 측근의 대신을 비유한 말이다.
4 勳: 일반적으로 '급히 달리다'라는 뜻으로 사용된다. 원래 '襄'과 같은 뜻으로 쓰여 '돕다, 보조하다'라는 의미도 있다. 여기서도 '돕다'라는 뜻으로 쓰였다.

微察隱, 司一軍進止.

有文士, 窮今古, 繹理原, 秉儀節, 哆[5]請求, 構箋檄, 露疏典, 亮辭章.

有術士, 精時日, 相陰幽, 探筴卜, 操回避, 煉鴆餌, 使權宜可否, 利己損敵.

有數士, 審國運, 逆[6]利厄, 射[7]襲伏, 籌餉袞, 紀物用, 錄勳酬, 籍卒伍, 丈徑率, 能籌算多寡, 略無差脫.

有技士, 劍客刺, 死士輕, 盜劫襲, 通說辨 間諜譎, 俾得出入敵壘, 相機設巧.

有藝士, 度材器, 規溝塹, 葺損廞, 創神異, 顚小大, 促遠近, 更上下, 翻輕重, 仿古標新, 專簡筋兵物以全攻守.

此九者之內, 有兼才, 如智能役勇, 勇能行智, 及智勇備者.

有通才, 若智謀, 若勇戰, 若文·藝·技·術, 無有不達者, 誠奇傑國士也.

外此則有別材, 若戲, 若舞, 若笑, 若罵, 若歌, 若鳴, 若鬼戈, 若擲, 若躍, 若飛, 若圖畫, 若烹飪, 若染塗, 若假物形, 若急足善行, 總不可悉名. 然凡屬技能足給務理紛者, 皆必精選厚別, 俾得善其所司, 而後事無不宜之人, 軍無不理之事. 至於獻謀陳策, 則罔擇人, 偶然之見, 一得之長, 雖以卒徒, 必亟上擢. 言有進而無拒, 不善不加罰, 則英雄悉致, 此羽林列曜[8]之象也.

---

5 哆: 입을 펴는 모양을 형용한 말로, '크게 하다'는 뜻으로 사용되었다.

6 逆: 원래는 '거꾸로 하다, 거스르다'의 뜻이나, 여기서는 '미리 헤아리다'라는 뜻으로 사용되었다.

7 射: '射覆'을 가리킨다. 사복은 그릇 속에 있는 사물을 맞추는 놀이로서 종종 점치는 일에 사용되었다. 여기서는 '점치다, 알아맞히다'의 뜻이다.

8 羽林列曜: '여러 별이 반짝거리다'의 뜻이다. '羽林'은 별 이름이다.

34. 능력
能

하늘이 사람을 낳음에, 기氣가 마음에 모이면 지혜로워지고, 기가 사지로 흩어지면 질박해진다. 질박한 자는 대개 힘이 세고, 지혜로운 자는 대개 약하다. 지혜와 용기를 겸한 자는 세상에서 다 셀수 없을 만큼 많다. 그러므로 백 사람을 능가하는 자는 백 사람의 우두머리가 되고, 천 사람을 능가하는 자는 천 사람의 우두머리가된다. 능력이 천 명을 넘어서면 곧 군대를 편성할 수 있다.

한 방면의 상황에 잘 대응할 수 있으면 한 방면의 적군을 감당할수 있으니, 곧 군대의 우두머리가 될 수 있다. 군대에는 때때로 고립되는 경우가 있으니, 장수를 파견할 때는 반드시 홀로 임무를 감당할 수 있는 이를 구해야 한다. 그러므로 재능이 있는 이를 잘 쓰는자는 부장들이 모두 대장으로 인정한다.

天之生人, 氣聚中虛[1]則智, 氣散四肢則朴. 朴者多力, 智者多弱, 智勇兼備者, 世不可數. 故能過百人者, 長[2]百人; 能過千人者, 長千人; 越千則成軍矣. 能應一面之機, 能當一面之鋒, 乃足以長軍. 軍有時而孤, 遣將必求可獨任. 故善用才者, 偏裨[3]皆大將也.

1 中虛: 가운데 빈곳에 마음이 자리한다는 의미에서, '마음'을 가리키는 용어로 쓰였다.

2 長: 동사로, '우두머리가 되다, 통솔하다'의 의미로 사용되었다.

3 偏裨: '편장偏將'과 '비장裨將'의 준말로, 대장을 보좌하는 장수의 통칭이다. 부장副將을 의미한다.

35. 선봉

鋒

천군天軍·지군地軍·풍군風軍·운군雲軍·용군龍軍·호군虎軍·조군鳥軍·사군蛇軍 외에 다시 아홉 부대를 설립하는데, 특성에 따라 철저히 선별하고 구분지어 설치해서 진영의 선봉을 삼으려는 이유다.

첫째는 친군親軍이라 한다. 곧 향리의 장사壯士나 집안의 노복들로 대장을 호위하는 자들이다.

둘째는 분군憤軍이다. 복수하려는 자와 사면받으려는 죄수들로 전방에서 싸우기를 원하는 자들이다.

셋째는 수군水軍이다. 파도가 치는 상황에도 출입하여 적의 배를 전복시킬 수 있다.

넷째는 화군火軍이다. 표창과 곤뢰滾雷[1]를 잘 다루어 멀리서도 적진을 공격할 수 있다.

---

1 곤뢰滾雷: 고대의 수류탄과 같은 종류의 무기로 영어로는 "Rolling Thunder"로 번역된다. 높은 곳에서 공격할 때 굴려서 사용한 것으로 보인다.

다섯째는 궁노군弓弩軍이다. 매복과 강한 활을 사용하는 것에 능하며 1만 발의 화살을 가지런히 발사할 수 있어, 100보 밖에서 적을 제압할 수 있다.

여섯째는 충군沖軍이다. 힘이 산악을 흔들 수 있고 사기가 적의 깃대를 요동시킬 수 있어, 대군의 적에게도 들이댈 수 있고 강력한 적도 가벼이 여길 수 있는 이들이다.

일곱째는 기마군騎馬軍이다. 날쌔고 용감한 것이 무리에서 뛰어나, 양 진영 사이를 날아다니듯 말을 몰며, 극도로 먼 땅까지 추격할 수 있는 이들이다.

여덟째는 거군車軍이다. 재력材力이 민첩하여 진격할 때는 화살과 돌도 아랑곳하지 않고, 후퇴할 때는 적의 추격병도 막아서서, 적을 늘어세워 진격할 수 없게 하는 이들이다.

아홉째는 유군遊軍이다. 사방을 돌아다니며 살피고 시기마다 경계시켜, 보호하고 대응하기에 편리하도록 하며, 군대와 함께 움직일 때는 대개 돌격한다.

그런데 그 안에는 원숭이처럼 잽싸게 건물에 오르는 자, 이리처럼 방향을 잘 감지하는 자, 뱀처럼 자취 없이 움직이는 자, 쥐처럼 몰래 적진에 잠적하는 자, 험한 지역을 내려오는 자, 먼 지역과 통신할 수 있는 자, 성곽을 넘을 수 있는 자, 사막을 가로지를 수 있는 자 등이 있다.

아홉 부대 가운데 친군親軍(근위병)과 유군遊軍(유동적으로 움직이는 군대)은 중군에 부속되어 있고, 나머지는 항상 여덟 방향의 부대에 분산되어 있다. 분산되었을 때는 각자가 적을 막다가, 합병했을 때는 함께 출격한다. 분산할 수도 있고 합치할 수도 있어서, 한 부대 사이의 맥락과 연락이 오직 이들에 힘입어서 서로 소통된다.

自天·地·風·雲·龍·虎·鳥·蛇而外, 更立九軍. 所以厚別分植, 爲陣之鋒. 一曰親軍, 乃里壯家丁, 護衛大將者也; 一曰慣軍, 乃復仇贖法, 願驅前列者也; 一曰水軍, 能出沒波濤, 覆蕩舟楫; 一曰火軍, 能飛鏢[2]滾雷, 遠致敵陣; 一曰弓弩軍, 能伏窩挽强, 萬羽齊發, 制敵百步之外; 一曰沖軍, 力撼山嶽, 氣叱旌旗, 於以攖[3]大敵, 冒强寇; 一曰騎軍, 驍勇異倫, 飛馳兩陣之間, 追擊遠極之地; 一曰車軍, 材力敏捷, 進犯矢石, 退過奔馳, 列之使敵不得進; 一曰遊軍, 巡視機警, 便宜護應, 合軍擧動皆擊之. 而中有猱升, 狼下,[4] 蛇行, 鼠伏, 緪險, 通遠, 逾城, 穿幕[5]之屬. 九者親游附於中軍, 餘每分列八隅. 分則各禦, 合則兼出, 可伸可縮, 使一陣之間, 血脈聯絡, 惟籍此爲貫通也.

2 飛鏢: 구식 무기로 긴 창의 머리 모양을 하고 있으며, 던져서 적을 공격하는 창의 한 종류다.
3 攖: '범하다, 침범하다'의 뜻이다.
4 狼下: 전설에 의하면 이리는 음식을 찾기 전에 먼저 곤두서서 동물이 올 방향을 점친다고 한다. 여기서는 적의 방향을 잘 감지하는 사람을 비유한 말로 사용되었다.
5 穿幕: '幕'은 '사막沙漠'을 가리킨다. 따라서 '穿幕'은 '사막을 가로지르다'라는 뜻이다.

36. 단결

結

    삼군三軍은 많은 무리다. 그들을 나(지휘자)의 명령에 따라 한결같이 행동하도록 할 수 있는 것은, 위엄 있는 군령을 실행하여 가능하기도 하지만 그들을 단결시킬 수 있기 때문이다. 그러나 단결은 반드시 그들이 좋아하는 것과 부합되어야 한다. 지혜로운 자에게는 능력을 펼칠 수 있게 하고, 용감한 자에게는 중임을 맡겨야 하며, 바람이 있는 이에게는 그것을 이뤄주고, 굴복하지 않는 자에게는 자존심을 세우게 하여, 그들의 울분과 원한을 썼고 원수들에게 복수할 수 있게 해야 한다. 병사의 몸에 상처가 생긴 것을 보면 자신의 몸에 생긴 것처럼 여기고 형벌로 사형을 실행할 때는 차마 하지 못할 듯 하며, 공이 있는 자는 비록 작더라도 반드시 기록하고 도움을 얻은 자에게는 특별한 것 중에서 하사하며, 전리품이 있으면 균등하게 나누고 군역에 따라온 사람은 후하게 돌보며, 무리를 위로할 때는 정성껏 대하고 적을 이겼을 때는 적게 죽여야 한다.

　진실로 이와 같이 할 수 있으면, 어찌 단지 삼군의 군사만이 명령에 따라 움직이겠는가? 천하를 거느린다고 해도 모두 깃발을 멀리서 보고 귀순할 것이니, 적군이 대적한다고 해도 부질없을 것이다.

　三軍衆矣, 能使一之於吾者, 非徒威令之行, 有以結之也. 而結必協其好: 智者展之, 勇者任之, 有欲者遂之, 不屈者植之; 泄其憤惋, 複其仇仇. 見瘡痍[1]如身受, 行罪戮如不忍, 有功者雖小必錄, 得力者賜於非常,[2] 所獲則均, 從役厚恤, 撫衆推誠, 克敵寡殺. 誠若是, 豈惟三軍之士應麾[3]而轉, 將天下皆望羽至矣. 敵其空哉!

1　瘡痍: '외상外傷', 즉 '몸에서 상처를 입은 곳'을 가리킨다.
2　非常: '평범하지 않은 것, 특별한 것'을 가리킨다.
3　麾: '깃발을 흔들다'라는 뜻이나, 여기서는 의미를 확장하여 '명령하다'의 의미로 사용되었다.

37. 제어하기

駁

　사람은 기를 북돋음으로써 살아가고, 재능은 기를 치솟아 오르게 함으로써 억제된다. 진실로 군대를 운용할 때 반드시 변하지 않는 것을 구한 이후에 하는 이가 천하에 얼마나 있겠는가?

　전쟁은 좋은 일이 아니라서, 이롭다고 여기는 재주가 곧 해를 입히는 재주가 된다. 용맹한 자는 반드시 사나워야 하고, 무예에 뛰어난 자는 반드시 죽여야 하며, 지혜로운 자는 반드시 속여야 하고, 책략을 쓰는 자는 반드시 잔인해야 한다. 전쟁을 할 때, 용맹하고 무예가 출중하며 지혜롭고 책략에 뛰어난 사람을 파견할 수 없으면, 곧 사납고 죽이며 속이고 잔인한 사람을 파견할 수 없고, 사납고 죽이고 속이고 잔인한 사람을 등용할 수 없으면 또한 용맹하고 무예가 출중하며 지혜롭고 책략이 뛰어난 사람이 없는 것이다.

그러므로 잘 통솔하는 자가 그들의 능력을 사용하고 그들의 단점을 제거하며, 그들의 이로운 점을 거두고 그들의 부족한 점을 차단할 수 있다면, 곧 천하에는 그의 재주가 아닌 것이 없을 것이다. 또 원수를 초빙할 수 있고 강도를 어루만질 수 있으며 도적을 등용할 수 있으면, 과감하게 법을 가벼이 어긴 자와 오랑캐 등의 먼 땅에 있는 사람들도 모두 부릴 수 있을 것이다.

人以拂氣生, 才以怒[1]氣結.[2] 苟行兵必求不變者而後用, 天下有幾? 兵非善事, 所利之才卽爲害之才. 勇者必狠, 武者必殺, 智者必詐, 謀者必忍.[3] 兵不能遣勇武智謀之人, 卽不能遣狠殺詐忍之人; 不用狠殺詐忍之人, 則又無勇武智謀之人. 故善馭者, 使其能而去其凶, 收其益而杜其損, 則天下無非其才也. 仇可招也, 寇可撫也, 盜賊可擧, 而果輕法, 而夷狄遠人, 皆可使也.

---

1 怒: 원래는 '노여워하다, 화내다'의 뜻이나, 여기서는 '북돋아 오르게 하다, 치솟아 오르게 하다'의 뜻으로 사용되었다.
2 結: '얽매이게 하다, 억제하다'의 뜻으로 쓰였으며, 재능을 발휘하지 못하도록 기가 억제된다는 의미다.
3 忍: '잔인하다, 모질다'의 의미다.

38. 단련시키기

練

싸울 뜻은 생겼지만 힘이 빨리 고갈되는 것은 사기가 쇠퇴했기 때문이고, 힘은 남아돌지만 마음으로 실패할까 두려워하는 것은 담력이 없기 때문이다. 기가 쇠퇴하고 담력이 없으면 지혜와 용맹함이 고갈되어 쓸 수 없다.

그러므로 유리한 형세를 조성하여 사기를 단련하고, 승리를 경험하게 하여 담력을 단련하며, 장군과 사졸 사이에 마음을 털어놓아서 감정을 단련하고, 가르침을 통일하여 진陣을 펴는 기술을 단련하는 것 등을 중요하게 여긴다.

삼군三軍[1]이 단련되어 의지와 기력이 서로 상승하며 전군과 후군이 서로 의지하면, 움직일 때는 함께 움직이고 정지할 때는 모두 정지한다.

---

1 삼군三軍: 군대의 총칭이다. 주나라의 제도로, 상·중·하 삼군이 있다. 제후諸侯 가운데 대국이 삼군을 두었다. 중군中軍이 가장 지위가 높고, 상군上軍이 그다음이고, 하군下軍이 또 그다음이다. 하나의 군이 1만2500명이며, 삼군은 3만7500명이다. 후대에는 보병·거병·기병을 삼군이라고도 했다.

意起而力委謝²者, 氣衰也; 力餘而心畏沮³者, 膽喪也. 氣衰膽喪, 智勇竭而不可用. 故貴立勢以練氣, 經勝以練膽, 布心以練情, 一教以練陣藝. 三軍練, 彼此互乘, 前後疊麗,⁴ 動則具動, 靜則具靜.

2 委謝: '萎謝'와 같은 뜻으로 사용되며, '시들어 떨어지다'의 뜻이다. 여기서는 '고 갈하다, 쇠퇴하다'의 의미로 쓰였다.

3 畏沮: 여기서 '沮'는 '풀이 죽다, 용기를 잃다, 실망시키다'의 뜻이다. 따라서 '畏 沮'는 '실망을 시킬까 두려워하다, 실패할까 두려워하다'의 의미다.

4 疊麗: 여기서 '麗'는 '붙다, 의지하다'의 뜻으로 쓰였다. 따라서 '疊麗'는 '서로 의 지하다'의 의미다.

39. 격려하기

勵

병사를 격려하는 데에 원래 하나의 방법만 있는 것은 아니다. 그래서 나는 '명예로써 더해주면 굳세고 용맹한 자가 분발하고, 실리로써 권유하면 꿋꿋하고 의지가 강인한 자가 분발하며, 대세로 핍박하고 위험으로써 빠뜨리며 술수로써 속이면 유약한 자 또한 분발한다'고 생각한다.

장수가 은혜와 위엄과 협박에 능수능란하면, 세운 계책이 모두 이루어질 것이니, 곧 삼군의 군사도 호랑이가 날고 용이 웅크린 듯 기세가 등등하여, 적을 만나면 이길 수 있을 것이다. 또 유리한 형세를 조성하여 위엄을 돕고 절개를 배양하며 기개를 보호하면, 비록 패하더라도 그 용맹한 기세를 손상시키지 못할 것이고, 비록 위태롭더라도 그 마음을 두렵게 하지 못할 것이니, 또한 모든 사람이 언제나 분발할 것이다.

　勵士原不一法, 而余謂名[1]加則剛勇者奮, 利誘則忍毅者奮, 迫之以勢,
陷之以危, 詭之以術, 則柔弱者亦奮. 將能恩威脅, 所策皆獲,[2] 則三軍之
士, 彪飛龍蹲, 遇敵可克. 而又立勢佐威, 盈節護氣, 雖敗不損其銳, 雖危
不震其心, 則又無人無時而不奮也.

.

1　名: '명예'의 뜻으로 사용되었다.
2　獲: 원래는 '(짐승 등을) 얻다, 획득하다'의 뜻이지만, 여기서는 의미가 확대되어
'이루다, 완성하다'의 뜻이다.

40. 억제하기
勒

말을 억제할 때는 반드시 재갈을 사용해야 하고, 병사를 억제할 때는 반드시 법령을 사용해야 한다. 그러므로 천하를 재패하는 자는 법령을 느슨하게 하지 않는다. 그러나 은혜가 두터워야 곧 법령을 시행할 수 있고, 형벌이 시행된 이후에야 위엄이 발휘될 수 있다.

이러한 까닭으로 병법을 잘 운용하는 사람은 성패의 득실에 따라 공과 죄의 대가를 지불하고, 싸운 것과 달아난 것을 분명히 하여 돌보거나 해친다. 한 사람을 처벌하여 죽이면 사람들은 모두 두려워하고, 수많은 무리를 죽이면 무리들은 모두 복종하며, 겁먹은 이를 처벌하고 실패한 자를 참수하면 병사들은 더욱 분발한다. 그러니 호령할 때 엄숙하게 하고 법을 어길 때 용서하지 않으며, 멈출 때는 큰 산과 같이 하고 움직일 때는 산이 무너지는 것과 같이 하면 전쟁할 때 반드시 이길 수 있다.

결단코 은혜롭시고 쉽게 용서하여 병사들이 법을 가벼이 여기고
이로써 패배에 이르게 해서는 안 된다.

勒馬者必以羈勒, 勒兵者必以法令. 故勝天下者不弛法. 然恩重乃可施
法, 罰行而後威濟.[1] 是以善用兵者准得失爲功罪, 詳鬪奔以恤傷. 戮一人
而人皆威,[2] 殺數衆而衆鹹服, 誅怯斬敗, 而士益奮, 號令嚴肅, 犯法不貸,[3]
止如嶽, 動如崩, 故所戰必克. 決不以濡忍[4]爲恩, 使士輕其法, 致貽[5]喪
敗也.

1 濟: '발휘되다, 작용하다'의 뜻으로 사용되었다.
2 威: '(명성이나 기세, 혹은 위력 등으로 상대를) 두렵게 하여 굴복시킨다'는 뜻
으로 사용되었다.
3 貸: 일반적으로는 '주다, 빌려주다'의 뜻으로 쓰이나, 여기서는 '사면하다, 용서
하다'의 뜻으로 사용되었다.
4 濡忍: '유순하게 참아 넘기다'의 뜻으로 '용서하다, 용인하다'의 의미로 쓰였다.
5 致貽: 貽는 일반적으로 '끼치다, 주다'의 뜻으로 쓰이나, 여기서는 '致'와 함께
'이르게 하다'의 뜻으로 쓰였다.

41. 돌보기

恤

　　절대 영웅이 바야흐로 두각을 드러냈으나, 잠깐 군대에서 활약하는 사이에 함정에 빠지는 경우도 있고, 또 병졸에게 무고를 당해 공훈이나 업적을 세우지 못하고서 혹 형벌을 받는 경우가 있으니, 매우 크게 탄식할 만하다!

　　하늘이 재능 있는 사람을 낳는 것이 매우 어려우니, 진실로 그 자질을 저버리고 중용하지 않는다면, 이것은 적에게 재능 있는 이를 보내 우리에게 대항하게 하는 것이다. 이 때문에 대장이 되는 이는 반드시 재주 있는 이들을 돌봐야 한다. 돌보는 방법은 평소에 거리낌 없이 자문하여 인정받지 못한다고 여기지 않게 하는 것이다.

　　진중의 병사에 이르러서는 서리를 맞고 들판에서 자며, 갑옷을 입고 칼을 차고서, 굶주림이 엄습하고 바람이 세차게 불어와서, 몸에 상처를 입어도 고통스럽다 말하지도 않고, 곤란함을 겪어도 감히 수고롭다고 고할 수도 없다. 그러나 만약 그 목숨을 가벼이 버린다면 아군에게 이로움이 없을 뿐만 아니라 또한 장수에게 이로울 것이 없다. 그러므로 병법을 잘 운용하는 사람은 재주 있는 이를 적에게 모함당하게 하거나 병사를 함부로 죽게 하지 않는다.

嘗有絕代英雄, 方露端倪,[1] 輒爲行間混陷; 亦有染於卒伍, 勳業未建, 或爲刑辟所汲,[2] 可勝浩歎! 天之生才甚難, 苟負其質而不見用, 則將投敵而爲我抗, 此爲大將者在所必恤. 恤者: 平日虛懷咨訪, 毋使不偶.[3] 至於陣中軍兵, 披霜宿野, 帶甲懸刀, 饑搏風戰, 傷於體而不言苦, 經於難而不敢告勞. 苟輕棄其命, 非惟不利於軍, 亦且不利於將. 故善用兵者, 不使陷於敵, 與擅戮也.

1 端倪: 일반적으로 '실마리, 단초'를 뜻하는 말로, 여기서는 '두각頭角'을 나타내는 말로 사용했다.
2 汲: 원래는 '(물을) 긷다, 당기다'의 뜻이나, 여기서는 '걸리다, 걸려들다'의 뜻으로 사용되었다.
3 偶: 원래는 '(매장에 쓰인 흙이나 나무로 만든) 인형'을 뜻하는 글자이나, 의미가 확장되어 '짝, 배우자'를 나타내기도 한다. 여기서는 '遇와 같이 '인정받다, 대접받다'의 뜻으로 사용되었다.

42. 비교하기
較

　무기의 우열을 비교하는 것은 병사의 기예를 비교하는 것보다 못하고, 기예를 비교하는 것은 병사의 수를 비교하는 것보다 못하며, 병사의 수를 비교하는 것은 진형과 싸울 태세態勢의 우열을 비교하는 것보다 못하고, 진형과 태세를 비교하는 것은 장수의 지혜와 능력을 비교하는 것만 못하다.

　지혜와 능력은 뛰어나지만 진형이 불리한 경우는 지혜와 능력이 나은 쪽이 이기고, 싸울 태세는 낫지만 형세가 불리한 경우는 태세가 나은 쪽이 이기며, 진형은 유리하나 병사의 수가 불리한 경우는 진형이 나은 쪽이 이기고, 진형과 병사의 수는 유리하지만 재주와 무기가 좋지 못한 경우는 진형과 병사의 수가 우수한 쪽이 이긴다.

　우리가 주요한 승부에서 이기고 저들이 조그만 승부에서 이기

면, 적들에게 비록 몇몇 장점이 있다 하더라도 이기는 데 어려울
것이 없다.

較[1]器不如較藝,[2] 較藝不如較數, 較數不如較形與勢, 較形與勢不如較
將之智能. 智能勝而勢不勝者, 智能勝; 勢勝而形不勝者, 勢勝; 形勝而數
不勝者, 形勝; 形與數勝而藝器窳[3]者, 形數勝. 我勝乎至[4]勝, 彼勝乎小勝,
敵雖有幾長, 無難克也.

1 較: '비교해서 헤아리다'의 뜻이다.
2 藝: 원래는 '심다, 씨를 뿌리다'의 뜻이나, 여기서는 '(병사들의) 기술과 재주'를
뜻한다.
3 窳: 원래는 '비뚤다'의 뜻이나, 여기서는 '나쁘다, 조악하다'의 뜻으로 사용되었다.
4 至: 일반적으로 '이르다', '지극하다'의 뜻으로 사용되나, 여기서는 '크다, 중요하
다'의 뜻이다.

43. 정예

銳

　군대의 위력을 배양시키는 것은 평소의 훈련에 달려 있고, 전장의 형국을 변화시키는 것은 계획의 적절함에 달려 있다. 두 군대가 서로 맞닥뜨렸을 때 크게 고함을 치며 적진에 공격해 들어가서 그들의 간담을 서늘하게 하는 것은 오직 정예의 부대뿐이다. 많은 무리가 감히 진격하지 못할 때 그들을 진격하게 하는 것도 정예이고, 적들이 벌떼처럼 밀고 올 때 적은 병력으로 그들에게 달려가는 것도 정예이며, 적군 속에서 출몰하여 여기저기 충격을 주는 것도 정예다.

　과감하고 굳세며 날쌔고 맹렬한 것은 장수의 정예이고, 바람이 불고 비가 내리는 듯하고 산이 무너지고 대지가 요동치듯이 달려드는 것은 군대의 정예다. 장수는 돌격해서 나가고 군대가 쏟아져 부딪치는 것은 군대와 장수, 모두 정예다. 단지 정예만 있으면 무너지지만, 정예가 없으면 쇠약해진다. 지혜로워 주도면밀하게 계획할 수 있고 공격하면서 퇴각할 수 있으면 정예는 다하지 않을 것이다.

養威貴素, 觀變貴謀. 兩軍相薄,[1] 大呼陷陣而破其膽者, 惟銳而已矣. 衆不敢發而發之者, 銳也; 敵衆蜂來, 以寡赴之者, 銳也; 出沒敵中, 往來沖擊者, 銳也; 爲驍爲健, 爲勇鷙[2]猛烈者, 將銳也; 如風如雨, 如山崩嶽搖者, 軍銳也; 將突而進, 軍湧而沖者, 軍·將皆銳也. 徒銳者蹶,[3] 不銳者衰. 智而能周, 發而能收, 則銳不窮.

1 薄: 일반적으로 '엷다, 박하다'의 뜻으로 사용되나, 여기서는 '搏'과 통용되는 글자로 '부딪치다, 맞닥뜨리다'의 의미다.
2 勇鷙: '鷙'는 사나운 새로, 매나 독수리 등을 가리키는 말이다. 따라서 '勇鷙'은 '용맹하고 강하다'는 뜻이다.
3 蹶: '넘어지다, 엎어지다'를 뜻하는 글자로, 여기서는 '좌절하다, 실패하다'의 뜻으로 사용되었다.

44. 군량

糧

군량을 계산하는 법에서, 대략 한 해로 계산하는 것은 둔전屯田[1]에 맞추어 해야 하고, 한 달로 계산하는 것은 운송에 맞추어 해야 하며, 하루로 계산하는 것은 현장에서 공급하는 양에 맞추어 해야 한다.

천 리를 행군할 때는 운송과 현장 소비량으로 아울러 계산하고, 옮겨 다녀서 일정한 거주지가 없을 때도 운송과 현장 소비량을 아울러 계산하며, 급박한 상황이라 솥을 걸어 요리할 시간이 없을 때는 말린 휴대용 음식을 사용한다.

만약 적에게서 식량을 공급해야 할 상황에 처했을 때와, 없으면서도 있는 듯이 보이고 비어 있으면서 차 있는 듯 보여야 할 때 그리고 운송길이 막혀 끊어지거나 포위된 가운데 사수하는 상황에 이르렀을 때는, 온갖 먹거리를 찾아 끼니를 때워야 한다. 그러나 이들 방

---

1 둔전屯田: 군사가 주둔한 곳에서 경작하는 토지. 한대漢代 이후 이어져 내려온 시책으로 군사가 주둔한 곳에서 군사들이나 모집된 농민들이 경작을 하여 군량을 충당했다.

법은 잠깐 한때의 굶주림을 구급할 수 있는 것이지, 오래도록 의지할 수 있는 것은 아니다.

백성에게는 천명이 달려 있고 병사에게는 운명이 달려 있으니, 반드시 군량을 계획하는 자는 고갈되지 않게 해야 하고, 운송하는 자는 반드시 이어지도록 해야 하며, 보호하는 자는 주도면밀하게 하고, 쓰는 자는 항상 절약해야 한다.

籌餉之法, 大約歲計者宜屯, 月計者宜運, 日計者宜流給.[2] 行千里則運流寮, 轉徙無常則運流寮, 迫急不及鑑煮[3]則用幹糇, 若夫因糧於敵, 與無而示有, 虛而示盈, 及運道阻截, 困守圍中, 索百物爲餇. 間[4]可救一時, 非可長恃者. 民之天, 兵之命, 必謀之者不竭, 運之者必繼, 護之者維周, 用之者常節.

2 流給: '流'는 현지에서 마련하는 것을 말한다. 따라서 '流給'은 '현지에서 마련하여 공급하다'라는 의미다.

3 鑑煮: '鑑'은 원래 고대의 솥의 한 종류이나 여기서는 '솥을 걸다'라는 동사로 쓰였고, '煮'는 '삶다, 익히다'의 뜻이나 여기서는 '요리하다'라는 뜻으로 의미가 확장되었다.

4 間: '잠깐, 잠시'의 뜻으로 사용되었다.

45. 주둔하기

住

군대를 주둔시킬 때는 반드시 높은 곳을 뒤로 두고 낮은 곳을 앞으로 두며, 밝은 곳을 향하고 그늘진 곳을 등지며, 생계를 유지하기에 충실한 곳에 처하고, 물과 불의 재앙에 대해 걱정이 없어야 하며, 운반하거나 접촉할 때 막히지 않아야 하고, 진격할 때는 싸울 수 있으며 물러날 때는 지킬 수 있어야 한다. 초원과 못, 냇가와 샘이 있어 땔나무 하거나 방목하기에 원활한 곳이면 곧 주둔한다.

그러나 물산이 흩어져 있어 보전할 수 없고 지역이 서로 달라 잠시 머무를 때는 오직 군사 활동에 적합한 곳을 택하고, 오래 머무를 때는 반드시 유리한 지세에 자리해야 한다.

住軍必後高前下, 向陽背陰, 養生[1]處實, 水火[2]無慮, 運接不阻, 進可以戰, 退可以守. 有草澤流泉, 通達[3]樵牧者, 則住. 然物散不全, 方域各異, 故暫止惟擇軍宜, 久拒[4]必任地勢.

1 養生: '생명을 보전하다, 생계를 유지하다'의 의미다.

2 水火: 여기서는 '물과 불로 인한 재해'의 의미로 쓰였다.

3 通達: '능숙하다, 능란하다'의 뜻으로 사용되었다.

4 拒: 원래는 '막다, 거부하다'의 뜻이나, 여기서는 '점거하다, 주둔해 지키다'의 뜻이다.

46. 행군
行

군대가 이동하는 것은 쉬운 일이 아니다. 험한 곳을 갈 때는 복병이 있을까 고려할 수 있어야 하고, 하천을 건널 때는 제방이 터질 것을 걱정해야 하며, 낮에 출발할 때는 적이 갑작스럽게 쳐들어올 것을 두려워하고, 밤에 머무를 때는 적들이 소란스러운 틈을 노릴 것을 근심해야 하며, 단절되기 쉬운 곳은 통로를 뚫어서 이어지게 하고, 빨리 통과하기 어려운 곳은 빙 돌아서 행군해야 하며, 조금이라도 방비하지 않으면 곧 소홀한 것 때문에 실패할 것이다.

반드시 먼저 그 지형을 그려서 대략의 지세를 관찰하고 다시 토착민을 구해서 그를 길라잡이로 삼아서, 하나의 산 하나의 물이라도 반드시 다 숙지한 이후에 행군할 수 있어야 한다.

軍行非易事也. 行險有伏可慮, 濟川惟決是憂, 晝起恐其暴[1]來, 夜止虞彼虛[2]援, 易斷絶者貫聯, 難疾速者卷進.[3] 一節[4]不防, 則失在疏. 必先繪其地形以觀大勢, 復尋土著之人, 以爲前導, 一山一水, 必盡知之, 而後可以行軍.

1 暴: 원래는 '흉악하다, 포악하다'의 뜻으로 쓰이나, 여기서는 부사로 '갑자기, 갑작스럽게'의 뜻으로 사용되었다.

2 虛: 원래는 '비다, 없다, 비우다' 혹은 '빈틈, 빈곳' 등의 의미이나, 여기서는 '빈틈을 노리다'라는 동사로 쓰였다.

3 卷進: '우회하여 돌아가다'의 뜻이다.

4 一節: 조그만 단위를 나타내는 말이다.

47. 옮겨가기
移

군대는 정해진 거처도 없고 또 정해진 이동 방향도 없다. 다만 상황을 보고서 갈 뿐이다. 봄에는 초목이 우거진 곳이 마땅하니 마르고 시들었으면 옮겨가고, 여름에는 샘이나 못이 마땅하나 비가 많이 오면 옮겨간다. 나무가 우거진 곳에서는 잠복해야 하는데 바람이 심하면 옮겨간다. 편리한 곳이 있으면 투숙하고 근심스러울 정도면 옮겨간다. 이로움이 있으면 머물고 얻을 것이 없으면 옮겨간다. 적이 무르면 머무르고 적이 굳세면 옮겨간다. 이곳의 적군이 강하고 저곳의 적군이 약하면 옮겨가고, 이곳의 적군이 느긋하고 저곳의 적군이 급박하면 옮겨가며, 이곳의 적군이 대적하기 어렵고 저곳의 적군이 대적하기 쉬우면 옮겨간다.

軍無定居, 亦無定去,[1] 但相機而行. 春宜草木, 枯燥則移; 夏宜泉澤, 雨濡則移. 伏於林翳,[2] 風甚則移. 有便則投, 可虞則移. 有利則止, 無獲則移. 敵脆[3]則止, 敵堅則移. 此強彼弱則移, 此緩彼急則移, 此難彼易則移.

1　去: 일반적으로 '가다, 떠나다'의 동사로 사용되지만, 여기서는 '이동 방향'을 나타내는 명사다.

2　林翳: '翳'는 (깃털로 만든) 가리개로 '양산, 우산' 등의 의미다. 여기서는 '그늘지다'라는 뜻으로 쓰여 '林翳'는 '수풀이 무성하여 그늘진 곳'을 뜻한다.

3　脆: '무르다, 약하다, 부러지기 쉽다'의 뜻으로 사용되었다.

48. 빠르게 움직이기

趨

군대는 천천히 움직여서 힘을 기르는 것을 귀하게 여긴다. 오직 적군이 대비하지 못한 상황을 틈타거나 급히 습격하기에 이로울 때만 속도를 배가시켜 빠르게 움직여야 한다. 낮에 빠르게 이동할 때는 깃대를 눕히고 북소리를 멈추며, 밤에 빠르게 이동할 때는 갑옷을 벗어 말아두고 병사에게 하무[1]를 물린다.

한나절을 빠르게 이동하는 자는 체력적으로 지치고, 밤낮을 경과하는 자는 정신적으로 피곤해진다. 한나절로 빠르게 이동할 때는 백 수십 리를 아우르고, 밤낮으로 빠르게 이동할 때는 200~300리를 아우른다. 가까운 곳을 빠르게 이동하는 경우에는 결코 행렬을 이루면 안 되기 때문에 군진이 모두 도달하기 어렵고, 먼 곳을 빠르게 이동하는 경우는 대군을 버리고 진격해야 하기 때문에 많은 군

---

1 하무: 군대에서 떠드는 것을 막기 위해 병사의 입에 물리던 가는 나무 막대기.

사가 그 후방에서 멀리 뒤처진다.

사람은 먹을 수 없고 말은 쉴 수 없어서, 수고롭기만 하고 도달할 수 있는 이도 적다. 따라서 우리 군은 날카로우면서 견고하고 적군은 사기가 꺾여서 붕괴되었다는 것을 확신하거나, 지형과 산천에 대해 통찰하고 있는 경우가 아니라면, 어찌 감히 이와 같은 계획을 내겠는가? 그러므로 승리를 완전히 성취하거나 손해에서 멀리 벗어나려는 것이 아니면, 진실로 빨리 이동하는 것을 다행으로 여기지 마라.

師貴徐行以養力也. 惟乘人不備, 及利於急擊, 當倍道以趨. 晝趨則偃旗息鼓, 夜趨則卷甲銜枚,[2] 趨一日者力疲, 經晝夜者神憊. 一日以趨, 兼百數十里; 晝夜以趨, 兼二三百里. 兼近者絕不成行, 陣難畢至; 兼遠者棄大軍而進, 故衆師遠乎其後也. 人不及食, 馬不及息, 勞而寡及. 非特我之精堅, 敵之摧喪,[3] 與地形山川之洞悉, 敢出於此乎? 故非全利而遠害, 愼勿以趨爲幸也.

2 銜枚: 군대에서 기밀 작전을 시행할 때 병사들이 떠들지 못하도록 입에 가는 나무 막대기를 물리는 것을 말한다.

3 摧: '기가 꺾이다, 좌절하고 실패하다'의 뜻으로 사용되었다.

49. 지형

地

대체로 군사를 진격시켜 적을 물리칠 때는 반드시 먼저 적지의 형세를 살펴봐야 한다. 10리에는 10리에 따르는 지형적 상황이 있고, 100리에는 100리의 지형적 상황이 있으며, 1000리에는 1000리의 지형적 상황이 있다. 곧 몇 리 간격으로 있는 하나의 군영이나 하나의 진지에도 또한 지형적 상황이 있다.

하나의 지형적 상황에는 반드시 주요 통로로 쓰는 좁은 곳이 있고, 등지는 곳도 있으며, 왼쪽으로 의지하거나 오른쪽으로 의지하는 곳도 있고, 토대가 되는 요충지도 있다.

그런데 믿고 의지하는 것에는 반드시 산·물·성·벽·관문이나 험난한 곳·초목이 우거져 가려지는 곳·도로가 복잡한 곳 등을 의지하는 것이 있다. 따라서 적을 이기려는 자는 반드시 진격할 만한 도로, 공격할 만한 곳, 싸울 만한 땅, 습격할 만한 곳, 매복할 만한 산, 유인할 만한 샛길, 의지할 만한 험지 등이 어떤지를 살펴야 한다.

어떤 지형은 기병을 쓰는 것이 유리하고 어떤 지형은 보병을 쓰는 것이 유리하며, 어떤 지형은 짧은 병기를 쓰는 것이 유리하고 어떤 지형은 긴 병기를 쓰는 것이 유리하며, 어떤 지형은 세로로 길게 세우는 것이 유리하고, 어떤 지형은 가로로 펼치는 것이 유리하다. 전쟁은 계산이 완성된 뒤 혹 중요하고 좁은 통로를 누르기도 하고, 배후를 제압하기도 하며, 좌우로 의지하는 곳을 뚫기도 하고, 요충지를 점거하기도 한다.

산을 의지하면 산을 넘는 법을 찾아야 하고, 물을 의지하면 물을 건너는 방법을 모색해야 하며, 성·벽·관문·험지·초목·도로 등을 의지하면 성을 빼앗고 벽을 무너뜨리며, 관문을 넘고 험지를 지나며, 나무를 불사르고 풀을 잘라내며, 도로를 탐사하는 등에 대해 정법과 변법을 아우르는 방법을 모색해야 한다. 적군의 세력이 바깥에서 포위하고 있으면 신중히 해서 가벼이 들어가지 말고, 들어갈 때는 마치 물고기가 솥 안에서 헤엄치고 있어 탈출하기 어려운 듯이 여겨야 한다. 적군의 세력이 안에 갇혀 있으면 부질없이 포위하지 말고, 포위할 때는 호랑이가 우리 안의 양을 구하여 먹을 수 없는 듯해야 한다.

그러므로 성은 내부에서 호응하지 않으면 공격하기 어렵고, 군대는 인도하지 않으면 진격하지 못한다. 산과 천은 사람으로 인해 견고해지니, 진실로 사람이 막을 수 없다면 산과 천이 어찌 위태로울 수 있겠는가?

凡進師克敵, 必先相[1]敵地之形勢. 十里有十里之形勢, 百里有百里之形勢, 千里有千里之形勢. 卽數里之間, 一營一陣, 亦有形勢. 一形勢, 必有吭[2]·有背·有左夾[3]右夾·有根基要害. 而所恃者必恃山·恃水·恃城·恃壁·恃關隘險阻·草木蓊翳[4]·道路雜錯. 克敵者, 必審其何路可進, 何處可攻, 何地可戰, 何處可襲, 何山可伏, 何徑可誘, 何險可據. 利騎利步, 利短利長, 利縱利橫. 業有成算, 而後或扼吭, 或撫背, 或穿夾, 或制根基要害.

恃山則索踰山之法, 恃水則索渡水之法. 恃城壁關隘·草木道路, 則索拔城破壘·越關過隘·焚木除草·稽察[5]道路·正奇[6]通合之法. 勢在外, 愼毋輕入, 入如魚之遊釜, 難以遺脫; 勢在內, 毋徒繞, 繞如虎求圈羊, 不可食也. 故城非伏[7]難攻, 兵非導不進. 山川以人爲固, 苟無人能拒, 山川曷足險哉!

1 相: '자세히 관찰하다'의 뜻이다.

2 吭: '목, 목구멍'을 나타내는 말로, '통로의 중요하면서 좁은 곳'을 가리킨다.

3 夾: 원래는 '끼다, 끼우다'의 뜻이나, '부축하다, 돕다'라는 의미로도 사용된다. 여기서는 '의지하다, 의탁하다'라는 뜻이다.

4 蓊翳: 풀과 나무가 무성하고 빽빽한 모양을 형용한 말이다.

5 稽察: '점검하다, 검사하다'의 뜻이다.

6 正奇: 병법의 용어다. '正'은 일상적이고 보편적인 방법으로 군대를 운용하는 것이다. 예컨대 진을 마주하고 교전하는 병법과 같은 것을 말한다. '奇'는 변칙적인 방법으로 군대를 운용하는 법이다. 예컨대 함정을 파거나, 습격하는 등의 병법을 말한다.

7 伏: 일반적으로 '엎드리다, 숨다'의 뜻으로 쓰이는데, 여기서는 '굴복하다, 항복하다'의 뜻으로 사용되었다.

50. 이롭게 하기
利

군대가 움직일 때는 반드시 국가에 이익이 되는지, 백성을 구제할 수 있는지, 위엄과 능력을 가중시킬 수 있는지를 고려해야 한다.

만약 얻는 것이 잃는 것에 대한 보상이 되지 못한다면, 이롭게 하기를 잘한 것은 아니다. 먼 지역으로 행군할 때 우환이 없을 것이라고 보증할 수 있겠는가? 험한 지역으로 나아갈 때 해가 없을 것이라고 보증할 수 있는가? 빠르게 이동할 때 쓰러지는 일이 없을 것이라고 보증할 수 있는가? 적진 깊숙이 돌격할 때 함정에 빠지는 일이 없을 것이라고 보증할 수 있겠는가? 싸워서 승리할 때 손해가 없을 것이라고 보증할 수 있겠는가?

물러서도 땅을 잃지 않으면 물러서고, 피해도 보전할 것이 있으면 피해야 한다. 패배해도 유인할 곳이 있고, 항복해도 꾀할 것이 있으

며, 넘겨줘도 취할 것이 있고, 버려도 거둘 것이 있으면 곧 패배하고,
항복하며, 넘겨주고, 버려야 한다.

　군대를 운용하면서 지혜를 쓸 때는 모름지기 자신을 이롭게 하는
데 사용해야 한다.

兵之動也, 必度益國家, 濟蒼生, 重[1]威能. 苟得不償失, 卽非善利者矣.
行遠保[2]無虞乎? 出險保無害乎? 疾趨保無蹶乎? 沖陣保無陷乎? 戰勝保
無損乎? 退而不失地, 則退也; 避而有所全, 則避也. 北有所誘, 降有所謀,
委有所取, 棄有所收, 則北[3]也, 降也, 委也, 棄也. 行兵用智, 須用其利.

1　重: '증가하다, 가중하다'의 뜻으로 사용되었다.
2　保: 일반적으로 '보호하다, 지키다'의 의미로 쓰이나, 여기서는 '보증하다, 책임
지다'의 뜻이다.
3　北: '패배하다'의 뜻이며, 여기서는 '거짓으로 패배한 것처럼 하다'는 뜻이다.

51. 진

陣

진법陣法에 대해 말한 자로는 수십 명의 병법가가 있었는데, 내(작자인 계획)가 모두 정리하여 개괄했다. '사람 인人' 자를 본받은 것이 있는데 인진人陣이라 한다. 그것을 앞에서 보아도 '人'이 되고 거꾸로 보아도 '人'이 되며, 전진하여도 '人'이 되고 후퇴해도 '人'이 된다. 모이면 함께 큰 하나의 '人'이 되고, 흩어지면 각각이 작은 하나의 '人' 자가 된다. 하나의 '人'이 하나의 군진이 되니, 천만 인이 하나의 진에서 나오고 천만 인이 하나의 진에서 합치며, 천만 인이 한 사람에 의해 움직인다.

예리함은 앞에 있고 무게는 뒤에 있으며, 날카로운 부분이 모서리가 되고 기동력이 있는 부분이 주변이 되며, 그 가운데는 음과 양, 허와 실로 나누어 방어와 공격을 감당할 수 있다. 진의 양 날개를 펴서 매복시켰다가 뿜어져 나가기도 하고 들어오기도 하며, 움직이고 정지하며 날개를 열어 적군을 유인하고 날개를 닫아서 섬멸한다.[1]

싸울 때 진을 흩뜨려서는 안 된다. 진격할 때는 반드시 서로 의지해야 하니 의지하지 않으면 위태롭다. 사람들이 스스로 흩뜨려지지 않으면 흩뜨려진 것 또한 따라서 정리된다. 사람들이 스스로 의지할 수 있으면 반드시 다른 사람을 의지할 것이니, 또한 어찌 흩어질 수 있겠는가? 진형을 높이고 낮추는 것이 형세에 따라 변하고, 진의 길이와 넓이가 지형에 따라 변하니, 인진人陣은 신묘하구나.

言陣者數十家, 余盡掃而盡括之. 形象人字, 名曰人陣. 順之爲人, 逆之爲人, 進之爲人, 退之爲人. 聚則共一人, 散則各爲一人, 一人爲一陣, 千萬人生乎一陣, 千萬人合乎一陣, 千萬人動乎一人.

銳在前而重在後, 鋒爲觸而遊[2]爲周, 其中分陰陽虛實, 當受御[3]沖. 爲翼伏[4]吐納,[5] 動靜翕張. 鬥不可亂. 進必相依, 不依則危. 人自不亂, 亂亦隨整. 人自能依, 人必依人, 又何可亂? 高下隨乎勢, 長短廣狹變於形, 人陣神然哉!

1 날개를 ~ 섬멸한다: '翕張'을 해석한 것이다. '翕'은 닫아서 적군을 섬멸하는 것이고 '張'은 열어서 적을 끌어들이는 것이다.
2 遊: 유동적인 부분, 즉 기동력이 있는 부분을 가리킨다.
3 御: 원래는 '다스리다, 짐승을 몰다'의 뜻이나, 여기서는 '맞아들이다, 방어하다'의 뜻으로 사용되었다.
4 翼伏: '翼'은 진의 양쪽 날개를 가리킨다. 즉 '翼伏'은 양 날개를 펴서 매복하여 적을 기다린다는 뜻이다.
5 吐納: 일반적으로 호흡呼吸을 말하지만, 여기서는 적을 방어하거나 적을 포위하여 공격하는 것을 가리킨다.

52. 엄숙하기

肅

호령號令이 한번 나아가면 삼군이 두려워하고 순종해야 한다. 북소리에 진격하고 징 소리에 멈추며, 포성이 울리면 기상하고 종을 울리면 식사하며, 신속하게 움직이고 지휘에 따라 달려나가야 한다.

비가 내려도 민가에서 피하지 말고, 무더워도 갑옷을 풀지 않아야 한다. 지쳐도 무기를 버리지 않고 어려움에 처해도 후퇴하지 않아야 한다. 이익이 되는 것을 보아도 취하지 않고 성을 함락해도 함부로 죽이지 않는다. 공이 있어도 교만하게 자랑하지 말고 급히 이동할 때는 소리가 들리지 않게 한다. 적군이 돌격해와도 요동하지 않고 두렵게 해도 놀라지 않는다. 습격해도 달아나지 않고 부대를 가로막고 공격해도 흩어지지 않는다. 이러한 것이 엄숙함[肅]이다.

號令一發, 三軍震懾. 鼓進金止, 炮起鈴食, 颯[1]奮麾馳. 雨不避舍, 熱不
釋甲, 勞不棄械, 見難不退, 遇利不取, 陷城不妄殺, 有功不驕伐,[2] 趨行不
聞聲, 沖之不動, 震之不驚, 掩[3]之不奔, 截[4]之不分, 是爲肅.

1 颯: 신속하고 재빠른 모양을 형용한 의태어다.
2 伐: 원래는 '베다, 치다, 공격하다'의 뜻이나, 여기서는 '(공훈이나, 공적 등을) 뽐
내다, 자랑하다'의 뜻이다.
3 掩: 적이 대비하지 못한 시기를 틈타서 갑자기 습격하는 것이다.
4 截: '절격截擊'의 뜻으로, 행군하는 도중에 길을 차단하여 공격하는 것을 말
한다.

53. 자유자재로 움직이기

野

질서정연한 것이 병법이지만, 병법에만 구애되면 기회가 있어도 적절하게 대응하지 못할 수 있다. 따라서 병법의 정수로는 일상적인 방법에서 벗어난 작전보다 좋은 것은 없다.

군대는 상황에 따라 전진할 수 있고 퇴각할 수도 있으며, 분산할 수 있고 집중할 수도 있어야 한다. 그 진형의 변화는 마치 떠다니는 구름이 하늘에 있는 것처럼 흩어졌다가 모이는 것이 자유자재여야 하고, 그 움직임은 마치 바람 속의 버들개지처럼 상황의 변화에 따라 머물러야 한다. 적과 맞닥뜨렸을 때는 마치 모래사장에 돌을 쌓아놓은 것처럼 높은 곳에서 무너져 내리듯 그 기세를 맡겨야 하고, 서로 부딪쳐 싸울 때는 마치 만 마리의 말이 바람을 일으키는 것처럼 힘을 다해 내달려야 한다.

적군이 병법으로 아군의 상황을 헤아리면 아군은 병법에서 미처 갖추지 못한 방법을 쓰고, 특이한 방법으로 추측하면 특이한 방법으로도 미처 대응하지 못할 방법을 쓰며, 아군을 혼란하다고 간주하면 우리는 진형이 혼란한 척하면서 진형을 잃어버리지 말아야 한다. 빠르게 쳐들어와도 달아나지 말고, 깃발이 어지럽게 움직여도 비틀거리지 않아야 한다. 군인들 개개가 이기면 군대는 저절로 위엄을 세우게 된다. 유리함을 보고서 기세를 틈타 싸우며 의도에 따라서 전투를 해야 하는데, 이것이 병법을 아는 장수가 깊이 연마하여 신이하게 사용해야 하는 것이다. 그러나 또한 어렵구나!

整者, 兵法也, 礙於法則有機不投. 兵法之精, 無如野戰:[1] 或前或卻, 或疏或密. 其陣如浮雲在空, 舒卷自如; 其行如風中柳絮, 隨其飄泊. 迫其薄,[2] 如沙汀磊石, 高下任勢; 及其搏, 如萬馬驟風, 盡力奔騰. 敵以法度之, 法之所不及備; 以奇測之, 奇之所不及應; 以亂揆之, 亂而不失. 馳而非奔, 旌旗紛動而不蹞蹈, 人自爲克, 師自立威. 見利而乘, 任意爲戰, 此知兵之將所深練而神用者也. 抑亦難哉!

1 野戰: '野'는 '정상적인 방법이 아닌, 합법적이지 않은'의 뜻이다. 따라서 '野戰'은 '일상적인 방법에서 벗어난 작전'이라고 할 수 있다.
2 薄: '迫'과 같은 뜻으로 사용되어 '(양 군대가 서로) 맞닥뜨리다, 가까이 닥치다'라는 의미다.

54. 과장하기

張

아군의 능력을 과시해서 적을 두렵게 하는 것은 병가의 보편적인 법칙이다.

오직 이 같은 능력을 소유한 적이 없는 자가 일부러 있는 것처럼 일컫는 것이고, 그렇게 하지 않은 자가 일부러 그렇게 한 것처럼 거짓으로 빌려오고, 능력이 부족한 자가 일부러 능력이 가득 찬 것처럼 하는 것이다. 혹 거짓인 양 꾸며서 의심하도록 하기도 한다.

아군의 위엄을 과장하여 적의 사기를 빼앗고 변칙적인 계책을 내어 승리를 취하는 것이다. 이것이 과장되게 위세를 부려 실용적 이익을 성취하는 것이니, 허약한 군대에게는 좋은 방법이다.

耀能[1]以震敵, 恒法也. 惟無有者故[2]稱, 未然者故托, 不足者故盈. 或設爲以疑之. 張我威, 奪彼氣. 出奇以勝, 是虛聲[3]而致[4]實用也, 處弱之善道也.

1 耀能: '耀'은 원래 '빛나다'의 뜻이나, 여기서는 '자랑하다, 과시하다'의 뜻으로 쓰였고, '能'은 '능력'을 의미한다. 따라서 '耀能'은 '능력을 과시하다'라는 뜻이다.

2 故: '일부러, 고의로'의 뜻을 가진 부사로 사용되었다. 그 뒤에도 같은 뜻이다.

3 虛聲: '허장성세虛張聲勢'의 준말로, '실속은 없으면서 큰 소리 치거나 허세를 부리다'의 뜻이다.

4 致: 일반적으로 '보내다, 이르다, 도달하다'의 뜻으로 사용되나, 여기서는 '이루다'의 의미다.

55. 축소시키기

　자신의 예를 낮추는 것은 적군의 승부욕을 무너뜨릴 수 있고, 자신의 깃발을 내리는 것은 적군의 질서정연함에 맞설 수 있으며, 자신의 정통精通하고 능숙한 능력을 감추는 것은 적군의 성대한 기세를 약화시킬 수 있으니, 오직 축소시키는 것만이 적군의 강력함을 이길 수 있고, 오직 축소시키는 것만이 적군의 강력함을 가지고도 아군을 이기기 어렵게 만든다.

　그러므로 공격하려고 할 때는 능력을 드날리지 않음으로써 적군의 거칠고 사나움을 배양하고, 적을 잡고자 할 때는 순종하여 적군의 위세를 펼치게 하며, 작은 일에는 인내하여 적군이 큰일을 도모하게 하고, 아군은 위축된 지경에 자리하면서 적군의 모든 역량을 소진시키도록 해야 한다. 머지않아서 아군의 모든 역량을 펼칠 때는 도리어 적군의 위축된 상황을 이용할 수 있을 것이다.

卑其禮者, 頹¹敵之高²也; 靡其旌³者, 敵敵之整也; 掩其精能者, 萎敵
之盛銳也. 惟斂可以克剛强. 惟斂難以剛强克. 故將擊不揚以養鷙, 欲搏弭
耳⁴以伸威, 小事隱忍以圖大, 我處其縮以盡彼盈. 旣舒吾盈, 還乘彼縮.

---

1 頹: '무너뜨리다, 쇠퇴시키다'의 뜻이다.
2 高: 여기서는 승부를 다투려는 마음, 즉 '승부욕'을 의미한다.
3 靡其旌: '靡'는 '쓰러뜨리다, 내리다'의 뜻이고, '其旌'은 자기의 깃발을 가리킨
다. 따라서 '靡其旌'는 적에게 항복하다라는 뜻이나, 거짓으로 항복하다의 의미다.
4 弭耳: '복종하다, 순종하다'의 뜻이다.

56. 적군의 의도에 순응하기
順

　대체로 적군을 거슬러서 더욱 견고하게 만드는 것은 적군에게 순종하는 척하여 실수를 유발하게 하는 것만 못하다. 적군이 진격하려 하면 아군은 고달프고 무른 듯이 유약함을 보여 적군의 진격을 이끌어내고, 적군이 물러나려 하면 아군은 해이해져 흩어진 듯 적군의 살길을 열어줘 마음대로 달아나게 하며, 적군이 강력한 힘에 의지하면 그 예리한 기세를 멀리 피하듯 방어만 군건히 해서 그들이 교만해지는 것을 관찰하고, 적군이 군대의 위엄에 의지하면, 적군에게 공손한 것처럼 속여서 우리의 실력을 꾀하여 그들이 나태해지기를 기다린다. 적군을 진격하게 하여 불의에 공격하고, 달아나게 하여 사로잡으며, 교만하게 하여 빈틈을 노리고, 나태하게 하여 섬멸하는 것이다.

大凡逆之愈堅者, 不如順以導瑕.[1] 敵欲進, 羸柔示弱以致[2]之進; 敵欲退, 解散開生以縱之退; 敵倚强, 遠鋒固守以觀其驕; 敵仗[3]威, 虛恭圖實以俟其惰. 致而掩[4]之, 縱而擒之, 驕而乘之, 惰而收[5]之.

1 導瑕: 원래는 옥에 있는 얼룩점이나, 여기서는 '결점'이나 '착오'를 가리키는 말로 사용되었다. 따라서 '導瑕'는 '착오를 일으키도록 하다, 실수를 유발하다'의 뜻이 된다.

2 致: 여기서는 '(끝까지) 다하게 하다, 끌어내다'의 뜻으로 쓰였다.

3 仗: 일반적으로 지팡이나, 활·창·검 등 무기의 총칭으로 사용되나, 여기서는 '의지하다, 기대다'라는 동사로 사용했다.

4 掩: 원래는 '가리다, 숨기다' 등의 뜻이나, 여기서는 '불의에 치다, 갑자기 공격하다'의 의미로 사용되었다.

5 收: 여기서는 '잡아들이다, 몰수하다'의 뜻이다.

57. 도발하기

發[1]

적군이 위험하고 어려운 상황에 처했을 때 적군을 제압하고, 외지고 단절된 지형에 빠졌을 때 적군을 압박하며, 세력 범위 안의 매복한 곳에 적군을 유인해야 한다. 기관을 설치하고 함정을 팔 때는 반드시 적군이 벗어날 수 없도록 계획한 후에 도발해야 한다.

대개 일찍 도발하면 적이 달아나고, 늦게 도발하면 적절한 시기를 놓친다. 그러므로 병법을 잘 운용하는 사람은 달아날 수 없는 상황에서 적을 제압한다.

---

1 發: 일반적으로 '피다, 쏘다, 일어나다' 등의 뜻으로 쓰이나, 여기서는 '도발하다, 불러일으키다'의 의미로 사용되었다.

制人於危難. 扼[2]人於深絕,[3] 誘人於伏內. 張機[4]投阱, 必度其不可脫而後發. 蓋早發敵逸, 猶運發失時. 故善用兵者, 制人於無可逸.

2 扼: 일반적으로 '잡다, 누르다'는 뜻으로, 여기서는 '적의 급소가 되는 곳을 누르다'라는 의미로 사용했다.

3 深絕: '지형이 깊고, 단절된 곳'을 가리킨다.

4 張機: 여기서 '張'은 '설치하다'의 뜻이고, '機'는 '기관, 장치'를 의미한다. 따라서 '張機'는 적군에게 타격을 입힐 수 있도록 기관 혹은 장치를 설치하는 것이다.

58. 방어하기
拒

싸워서 이기기 어려우면 방어하고, 싸우다가 안정하기를 바라더라도 방어한다.

성을 의지해서 방어하지만 믿는 것은 성이 아니고, 벽을 견고히 해서 방어하지만 믿는 것은 벽이 아니며, 산을 가까이해서 방어하고 물을 막아서 방어해도, 믿는 것은 산과 물이 아니다. 반드시 안전할 수 있는지 위태로울 수 있는지, 잠시 방어할 수 있는지 오래 방어할 수 있는지를 생각해서, 적군이 고요할 때는 방어에서 묘책을 세우고 적군이 움직일 때는 유리한 점을 차지해야 한다.

戰而難勝則拒, 戰而欲靜則拒. 憑城以拒, 所恃者非城; 堅壁以拒, 所恃者非壁; 披[1]山以拒, 阻水以拒, 所恃者非山與水. 必思夫能安能危·可暫可久,[2] 靜則謀焉, 動則利[3]焉.

1 披: '가까이하다, 기대다, 의지하다'의 뜻으로 사용되었다. 즉 높은 산을 의지해서 공격하기에 용이한 위치를 점한다는 뜻이다.
2 可暫可久: '暫'과 '久'는 각각 방어하는 시간을 표시한 말이다.
3 利: '이점을 차지하다, 유리한 지위를 얻다'의 뜻으로 쓰였다.

59. 동요시키기

撼

일반적으로 군대가 동요하는 것은 적합한 시기를 놓쳐버린 경우가 아니면 곧 곤란한 지형에 빠진 경우, 혹은 장수가 다른 이가 세운 계획에 능숙하지 않은 경우다.

적군에게 이 몇 가지 경우가 없는데도 적군을 요동시키려고 한다면, 이익이 없을 뿐만 아니라 또한 손해를 부른다. 그러므로 대장은 적과 마주했을 때, 동요시킬 수 있는 적을 공격하고, 동요시킬 수 없는 적은 경계해야 한다.

만약 일부러 동요시킬 수 있는 일을 만들어서 적군이 아군을 동요시키도록 하고, 이 일로 말미암아서 적군의 동요를 더 가중시키면, 또한 적을 동요시키는 데 뛰어난 것이다.

凡軍之可撼者, 非傷[1]天時, 卽陷地難, 或疏[2]於人謀. 無是數者而欲撼之, 非惟無益, 亦且致損. 故大將臨敵, 犯[3]可撼, 戒不可撼, 若故爲可撼以致人之撼己, 而因以展[4]其撼者, 則又善於撼敵者也.

1 傷: 일반적으로 '상처를 입다, 다치다, 상하다' 등의 뜻으로 쓰이나, 여기서는 '잃다, 놓치다'의 의미다.

2 疏: '트이다, 소통하다'나 '성글다'의 뜻으로 많이 사용되나, 여기서는 '익숙하지 않다, 능숙하지 않다'의 의미로 사용되었다.

3 犯: '치다, 공격하다'의 뜻이다.

4 展: 일반적으로 '펴다, 발달하다, 진열하다'의 뜻으로 쓰이나, 여기서는 '가중하다'의 뜻이다.

60. 싸우는 방법

戰

적군을 맞이하여 싸우는 방법에는 수백 가지가 있다.

많은 수로 적은 적과 싸우는 법, 적은 수로 많은 적과 싸우는 법, 병력을 분산하여 싸우는 법, 병력을 합하여 싸우는 법, 전진할 때 싸우는 법, 후퇴할 때 싸우는 법, 적과 직접 부딪쳐 싸우는 법, 전쟁의 상황을 틈타 싸우는 법, 번갈아가며 공격하는 법, 좌우로 나누어서 공격하는 법, 지공하는 법, 속전속결하는 법, 큰 병단을 가지고 싸우는 법, 작은 부대로 싸우는 법, 장기간에 걸쳐 싸우는 법, 짧은 기간에 싸우는 법, 추격하며 싸우는 법, 방어하며 싸우는 법, 유리한 상황에서 싸우는 법〔綴〕, 우연히 만났을 때 싸우는 법 등은 병법에 맞게 계획해야 한다.

기마병, 보병, 예비 부대〔駐〕, 군대 편제〔隊〕, 주둔〔營〕, 진형〔陣〕, 축

성[壘], 행렬[行], 선봉[鋒], 후속 부대[隨], 권한[專], 군대 분산[散], 경계[嚴], 법제[制], 금지[禁], 명령[令], 교육[教], 점검[試], 연습[眥], 시합[比], 수전[水], 화공[火], 배, 수레, 뗏목, 교량 등은 모두 일반적인 운용 법칙에 적합해야 한다.

낮, 밤, 추위, 더위, 바람, 비, 구름, 안개, 새벽, 저녁, 별, 달, 번개, 얼음, 눈 등을 사용해서 싸울 때는 시기의 변화에 따라야 한다.

산, 골짜기, 냇가, 못, 평원, 좁은 지형[峽], 먼 땅, 가까운 곳, 험한 지형, 높은 지역, 움푹한 지역, 숲, 관목림, 진흙 땅, 구덩이, 오지, 좁은 도로, 큰 교통로, 넘어가는 길[逾], 사막, 자갈길, 동굴, 영채[營寨], 요새 등을 이용해서 싸울 때는 지형에 맞게 이용해야 한다.

계획을 전개시키는 데 이르러서는 곧 도모해야 할 것이 있다. 심리 이용하기[心, 攻心戰], 사기 높이기[揚, 威懾戰], 대응· 화답하기[應, 應和戰], 미끼 던지기[餌, 設餌], 적 유인하기[誘], 허세 부리기[虛, 虛擾], 속이기[僞], 소리로 위협하기[聲], 얽어매기[約], 습격하기[襲], 매복하기[伏], 도발하기[挑], 사로잡기[搦], 에워싸기[抄], 탈취하기[掠], 합공하기[關], 이간질하기[構], 혼인관계 맺기[嫁], 역습하기[左], 단절하기[截], 공격을 저지하기[邀], 미행하기[躡], 추격하기[踵], 부추기기[驅], 적의 세력이 약해지도록 유도했다가 공격하기[卸] 등이 있다.

기이한 전법을 사용하는 것은 곧 다음과 같은 것에서 시작한다.

이동을 견제하기[牽], 정황에 따라 변화 주기[變], 충실한 곳 피하

기〔避〕, 실상과 역량 숨기기〔隱〕, 계획 중복 사용하기〔層〕, 변장하기
〔裝〕, 흉물 이용하기〔物〕, 신을 가장하여 속이기〔神〕, 간사한 사람 이
용하기〔邪〕, 약한 적군을 사면에서 에워싸서 공격하기〔攢〕, 군대 되돌
리기〔返〕, 고갈시키기〔魅〕, 모호하게 하기〔混〕, 일반적인 방법에서 벗
어나기〔野〕, 헤매게 하기〔浪〕, 먼지 일으키기〔塵〕, 연기와 불 놓기〔煙〕,
횃불 이용하기〔炬〕, 불빛으로 유인하기〔耀〕, 은폐하기〔蔽〕, 고의로 계
획 노출하기〔裸〕, 성 비우기〔空, 空城計〕, 재빠르게 공격하기〔飛〕 등이
있다.

심화된 것에는, 외부와 단절하기〔不〕, 무시하기〔無〕, 적진으로 돌격
하기〔沖〕, 사방에서 몰아치기〔湧〕, 밀어붙이기〔擠〕, 강하게 찌르기〔排〕,
침투하기〔貫〕, 찌르고 들어가기〔刺〕, 기습하기〔掩〕, 유린하기〔踩〕, 협공
하기〔夾〕, 우회하기〔繞〕, 포위하기〔圍〕, 적의 역량을 속박하기〔裹〕, 궁
지로 몰기〔蹙〕, 억압하기〔壓〕, 사납게 공격하기〔狠〕, 맹렬하게 공격하
기〔暴〕, 연합하기〔連〕, 연속 공격하기〔毗〕, 협박하기〔愊〕, 기세 꺾기〔摧〕,
끊임없이 공격하기〔戀〕, 치열하게 싸우기〔酣〕, 합병하기〔並〕, 함정에 빠
트리기〔陷〕 등을 통해서 용맹함을 떨치는 것이 있다.

더 심화된 것에는 굶주리게 하기〔饑〕, 지치게 하기〔疲〕, 심한 타격
주기〔蒼〕, 시달리게 하기〔困〕, 고립시키기〔孤〕, 핍박하기〔逼〕, 투항하게
하기〔降〕, 적진을 격파하기〔破〕, 기만하기〔欺〕, 장수 사로잡기〔擒〕, 흥
분하게 하기〔憤〕, 노여워하게 하기〔怒〕, 괴롭히기〔苦〕, 몰아치기〔激〕,
강압하기〔強〕, 혈맥 끊기〔血〕, 죽음으로 몰아넣기〔死〕, 격전 벌이기
〔鏖〕, 불의에 습격하기〔猝〕, 놀라게 하기〔驚〕, 분주하게 하기〔奔〕, 후방
습격하기〔殿〕, 뒤따라가기〔接〕, 구원병 막기〔救〕 등을 통해서 적군에
게 위험을 겪게 하는 것이다.

정련된 무기와 훌륭한 기술을 가지고 지혜로운 군대나 용맹한 군대와 전쟁을 전개시킬 수 있으면, 진실로 명장名將이라 할 수 있다.

逆戰數百端.

衆·寡, 分·合, 進·退, 搏·乘, 迭·翼, 緩·速, 大·小, 久·暫, 追·拒, 綴[1]·遏, 諧於法.

騎·步·駐·隊·營·陣·壘·行·鋒·隨·專·散·嚴·制·禁·令·教·試·嘗·比·水·火·舟·車·筏·梁, 協於正.

晝·夜, 寒·暑, 風·雨, 雲·霧, 晨·暮, 星·月, 電·冰·雪·因於時.

山·谷·川·澤·原·峽, 遠·近, 險·仰·深·林·叢·泥·坎·邃·巷·衢·逾·沙·石·洞·寨·塞, 因於地.

至展計則謀: 心·揚·應·餌·誘·虛·僞·聲·約·襲·伏·挑·搦·抄·掠·關·構·嫁·左·截·邀·躡·踵·驅·卸.

握奇則自: 牽·變·避·隱·層·裝·物·神·邪·攢[2]·返·觝·混·野·浪·塵·煙·炬·耀·蔽·裸·空·飛.

甚則: 不[3]·無·沖·湧·擠·排·貫·刺·掩·蹂·夾·繞·圍·裹·蹙·壓·狠·暴, 連·毗·儳·摧·戀·酣·並·陷, 而施勇.

再甚則: 饑·疲·蒼·困·孤·逼·降·破·欺·擒·憤·怒, 苦·激·強·血·死·鏖·猝·驚·奔·殿·接·救, 以經危.

精器善技, 展戰華夷, 亶爲名將.

---

1 綴: 병력의 상황과 지리적 형세가 모두 뛰어나서 적으로 하여금 감히 넘어가지 못하게 하는 상황을 말한다.
2 攢: '모이다'라는 뜻으로, 여기에서는 약한 적군을 사방에서 에워싸서 공격하는 방법을 가리킨다.
3 不: '否'와 통용하여, '막다, 통하지 않다'의 뜻으로 사용되었다.

61. 싸우기

搏

온갖 법은 모두 먼저 구체적인 계책을 세울 수 있는데, 오직 전쟁만은 서로 부딪쳤을 때 싸우는 법을 생각해야 하니, 이것이 시기에 따라 계획을 세우는 것이다.

적군이 강력하면 적군의 병력을 해체하는 법을 쓰는 것이 적절하고, 적군의 힘이 아군과 균등하면 정면에서는 막고 양 날개로 에워싸는 법을 쓰는 것이 적절하며, 적군이 약할 때는 세차게 격파하여 적군의 군영을 짓밟는 법을 쓰는 것이 적절하다. 갑옷으로 무장한 기병을 만났을 때는 보병이 날쌔게 가까이 접근하여 여러 차례 오가며 쳐서 죽이고, 만약 적군이 대형을 완전히 갖추지 못했으면 곧바로 짓밟는다.

아군의 강한 부대로 적군의 약한 부대를 상대하고 동시에 아군의 약한 부대로 적군의 강한 부대를 상대할 때는, 강한 부대로 하여금 먼저 출격하여 약한 부대를 격파한 뒤 부대를 나눠 좌우로 에워싸서 공격하는데, 이것을 '강약으로 나누어 승리를 취하는 법[剛弱取勝]'이라고 한다.

미리 아군의 부대를 갈라서 나눠놓고, 만약 적군이 돌격하면 끌어들이고 적군이 세차게 격파해오면 나누어 적의 기세를 약화시키면서 우리의 힘을 보전하고, 동시에 정예를 매복시켜서 그들을 에워싼다. 이것이 이른바 '사정거리가 다된 강한 화살의 끝[强弩之末]'이다.

요컨대 모두 서로 대적하여 사용하는 것이다. 그러나 전쟁하기 전에 반드시 적군이 갑자기 쳐들어올 경우에 대비하고, 전쟁하다가 물러서서도 적군의 습격에 방비해야 한다. 또 패배할 때는 반드시 부대의 대형을 긴밀히 유지해서 적으로 하여금 급하게 압박하지 못하게 해야 하고, 승리할 때는 반드시 엄정하게 추격해서 적의 매복으로 하여금 갑자기 노릴 수 없게 해야 한다. 이같이 할 수 있은 뒤에야 진격해도 패하지 않을 수 있고, 물러서도 죽지 않을 수 있으니, 바람이 세차고 번개가 치는 가운데서 적군과 싸운다고 해도 그 승리를 예견할 수 있을 것이다.

따라서 군대는 날래고 용맹하면서도 여유롭고, 정숙하면서도 엄정하며, 계획을 세우는 데 신중히 해야 한다.

百法皆先着,[1] 惟戰則相搏, 當思搏法, 此臨時著也. 敵強宜用抽卸; 敵均宜用常抄;[2] 敵弱宜用沖躁;[3] 蒙首介騎, 步勇挨之, 往返擊殺, 使敵無完隊則躁也. 以我之強當其弱, 以我之弱當其強, 而令強者先發, 左右分抄, 是謂剛弱取勝. 預立斷截開分, 使敵突則納, 敵沖則裂, 卸彼勢而全我力, 伏鋒以裹之, 所謂強弩之末也. 要皆相敵以用, 然未戰必備其猝來, 戰退以虞其掩至, 而且北必緊旆, 使敵不敢遽迫; 勝必嚴追, 使伏不得突乘. 能如是, 而後進可不敗, 退可不死, 與三軍周旋, 於風馳電薄間, 無不得其勝著也. 銳而暇, 靜而整, 慎旃.[4]

1 着: 여기서는 '계책, (구체적인) 방법'을 뜻한다.
2 常抄: 정면에서는 막고, 양 날개는 돌아가서 포위하는 것을 말한다.
3 沖躁: 적군을 격파하고 전군의 진영진에 들어가서 짓밟는 것을 말한다.
4 旃: '之'와 '焉'의 음을 합한 한자로, 뜻도 '之' 혹은 '焉'의 의미다. 따라서 '旃'은 앞에서 나온 다양한 방법을 받는 대명사 역할을 한다.

62. 분산하기

分

부대의 병력이 많아서 무거우면 지체되어 신출귀몰할 수 없지만, 병력이 적어 가벼우면 편리하여 이점이 많다.

많을 때 나눌 수 있으면 그 이점이 절로 배가 된다. 숙영宿營할 때 나누어서 적의 습격을 방어하고, 진을 칠 때 나누어서 적의 돌격에 대비한다. 행군할 때 나누는 것은 단절될까 두려워서이고, 싸울 때 나누는 것은 포위되어 격파될까 두려워서다.

아군의 병력이 적군의 곱절일 때는 나누어 적의 빈 곳을 노릴 수 있고, 병력이 같을 때는 나누어 기이한 작전을 낼 수 있으며, 병력이 적을 때는 나누어 상황의 변화를 꾀할 수 있다.

군대는 무거워서는 교전하지 못하고, 용맹함은 먼 거리에서는 발휘되지 않으며, 병기는 간격이 떨어져서는 사용할 수 없으니, 병력을 집중시켜 위세를 성대하게 하고 병력을 나누어서 승리를 거두어야 한다.

　수십만의 군사를 통솔하면서 가로막혀 무너지지 않는 이유는 분산하는 방법이 적절하기 때문이다.

兵重則滯而不神. 兵輕則便而多利. 重而能分, 其利自倍. 營[1]而分之, 以防襲也; 陣而分之, 以備沖也; 行而分之, 恐有斷截; 戰而分之, 恐有抄擊.[2] 倍則可分以乘虛, 均則可分以出奇, 寡則可分以生變. 兵不重交, 勇不遠攫,[3] 器不隔施, 合兵以壯威, 分兵以制勝. 統數十萬之師而無壅潰[4]者, 分法得[5]也.

1 營: 일반적으로 '경영하다, 짓다' '진영' 등의 뜻으로 쓰이나, 여기서는 '숙영하다(군대가 행군이나 전투하려고 다른 곳에 머물러 지내는 일을 가리킴)'의 뜻으로 사용되었다.
2 抄擊: 측면이나 배후로 포위하여 들어가 공격하는 것을 가리킨다.
3 攫: 원래는 '붙잡다, 움키다'의 뜻이나, 여기서는 '발휘하다'의 뜻으로 쓰였다.
4 壅潰: '막혀서 혼란해지거나 무너지다'의 뜻이다.
5 得: 보통 '얻다, 차지하다', '깨닫다' 등의 뜻으로 사용되나, 여기서는 '적합하다, 적절하다'의 의미다.

63. 교대하기
更

무력은 함부로 써서는 안 된다. 국경에서 적군과 군사를 마주하여, 적군이 국경을 번거롭게 하며 쉬지 못하게 할 때, 우리 군사로 하여금 지치지 않게 할 수 있는 것은 오직 군대를 교대하는 방법〔更法〕뿐이다.

우리 군 한 부대가 싸울 때 적들이 여러 부대로 대응하면, 적군은 편안히 쉴 수 없어서 피로하게 되고, 적군이 여러 부대로 싸울 때 우리 군을 여러 부대로 쉬게 하면, 피곤함이 바뀌어서 편안함이 된다. 편안하면 싸울 수 있고 피곤하면 패할 수 있다.

한 나라의 힘을 다해서 군대에 이바지하지 않고, 전군의 힘을 다해서 전쟁에 이바지하지 않는다면, 실패해도 근심이 없을 수 있고 승리해도 또한 요란스러워지지 않는다.

武不可黷.[1] 連師境上, 屢[2]境不息, 能使師不疲者, 惟有更[3]法. 我一戰而人數[4]應, 誤逸[5]爲勞; 人數戰而我數休, 反勞爲逸. 逸則可作, 勞則可敗. 不竭一國之力以供[6]軍, 不竭一軍之力以供戰, 敗可無虞, 勝亦不擾.

1 黷: 원래는 '더럽히다, 욕되게 하다, 업신여기다'의 뜻이나, 여기서는 '함부로 쓰다, 남용하다'의 의미로 사용되었다.

2 屢: 주로 '여러, 자주' 등의 부사로 쓰이나, 여기서는 '번거롭게 하다'라는 동사로 쓰였다.

3 更: '순번을 돌며 바꾸다'라는 뜻으로 사용되었다.

4 數: 여기서는 '여러 명, 여럿이'라는 수사로 쓰였고, 뒤에서도 같다.

5 誤逸: '誤'는 '그르치다', '逸'은 '안락함, 편안함'을 뜻한다. 따라서 '誤逸'은 '편안함을 그르치다'의 의미다.

6 供: '이바지하다, 공급하다'의 뜻이다.

64. 지연하기
延

형세가 곧바로 싸워서는 안 될 경우에는 지연하는 병법을 쓰는 것이 좋다.

적의 기세가 매우 날카로우면 잠시 적군이 무뎌지기를 기다리고, 쳐들어오는 적의 병력이 매우 많으면 잠시 분산되기를 기다린다. 아군의 지원 부대가 이르지 않았을 때는 반드시 모이기를 기다려야 하고, 새로 온 병력이 아직 화합하지 못했을 때는 반드시 믿음을 줄 때까지 기다려야 한다. 계획이 아직 이루어지지 않았을 때는 반드시 확실히 정해지기를 기다려야 하고, 시기가 싸울 만하지 않을 때는 잠시 더불어 싸우지 않는 것이 또한 좋은 계책이다.

그러므로 대장이 된 자는 적군과 아군의 형세를 관찰하는 것에 힘써야 한다. 어찌 공상을 탐하고 능력을 과시하여 적의 사기를 꺾고 적군을 격파하려고, 맹렬하게 한결같이 싸움만 할 수 있겠는가?

勢有不可卽戰者, 在能用延. 敵鋒甚銳, 少俟其怠; 敵來甚衆, 少俟其

解; 征調[1]未至, 必待其集; 新附未治,[2] 必待其孚;[3] 計謀未就, 必待其確;

時未可戰, 姑勿與戰, 亦善計也. 故爲將者, 務觀乎彼己之勢. 豈可以貪逞[4]摧

激而莽然一戰哉!

1 征調: 여기서 '征'은 '徵'과 같은 뜻의 글자로 '징집하다, 모집하다'의 뜻이고, '調'는 '옮기다, 보내다'의 뜻이다. 따라서 '征調'은 모집하여 보내는 '지원 부대'를 가리킨다.

2 治: 여기서는 '화합하다, 융합하다'의 뜻으로 사용되었다.

3 孚: '미쁘다, 참되고 믿음성이 있다'에서 '(상대에게) 믿음을 주다'라는 뜻으로 사용되었다.

4 逞: 일반적으로 '유쾌하다, 용감하다, 왕성하다' 등의 뜻으로 쓰이나, 여기서는 '(능력을) 과시하다, 뽐내다'의 의미다.

65. 신속히 하기
速

싸울 태세가 이미 완성되었고 싸울 시기가 이미 이르렀으며 군인이 이미 모였는데도, 오히려 전쟁을 지연하거나 더디게 하는 것은 군대를 무너뜨리는 행위다. 군사는 나태해지려 하고 시기는 놓쳐버릴 듯하며 나라는 곤경에 빠지려는데, 변경에 군사를 묶어두고 곧바로 결전하지 않는 것은 군대를 혼란스럽게 하는 행위다.

지략이 있으나 더디게 하면 적군이 먼저 계획을 낼 것이고, 싸울 시기를 보고서도 결단하지 못하면 적군이 먼저 출발시킬 것이며, 출발했으나 민첩하지 못하면 적군이 먼저 승세를 잡을 것이다.

얻기 어려운 것은 적절한 시기이고 잃기 쉬운 것은 기회이니, 신속하게 움직여서 빨리 이겨야 한다!

勢已成, 機已至, 人已集, 而猶遷延遲緩者, 此隳軍也. 士將怠, 時將失, 國將困, 而擁[1]兵境上, 不卽[2]決戰者, 此迷軍也. 有智而遲, 人將先計; 見而不決, 人將先發; 發而不敏, 人將先收.[3] 難得者時, 易失者機, 迅而行之, 速哉!

1 擁: 원래 '안다, 포옹하다, 둘러싸다'의 뜻이나, 여기서는 '묶어두다'의 의미로 사용했다.
2 卽: '곧, 다시 말해서, 가깝다' 등 다양한 뜻이 있으나, 여기서는 '나아가다, 가까이하다'의 뜻으로 쓰였다.
3 收: 여기서는 '공격하여 취하다, 점거하다, 승세를 잡다'의 의미로 사용되었다.

66. 견제하기

牽

분명하다! 적군이 갑작스럽게 승리할 수 없게 하는 법은 오직 견제하는 방법을 쓰는 것이다.

적군의 선봉을 견제하면 넘어올 수가 없고, 후면을 견제하면 감히 나갈 수 없다. 적군이 강하지만 고립되었으면, 적군의 앞뒤를 동시에 견제하여 분주한 것에서 지치게 하고, 적군이 낭패를 당했으나 각 부대가 서로 의지하고 있으면, 적군의 중간에서 접속하는 부대를 견제하여 서로 대응할 수 없게 해야 한다. 강대한 군대이지만 널리 분포해 있거나 무리가 많으면서 흩어져 있는 경우에는, 곧 여기저기에서 때맞춰 견제하여, 적군이 군대를 합하게 할 때는 모이기 어렵게 하고, 흩어지게 할 때는 방어하기에 취약하게 하면서, 아군은 곧 군을 합하여 한곳을 향해 공격하면 이길 수 있다.

甚矣哉! 敵之不能猝勝者, 惟或用牽法也. 牽其前則不能越, 牽其後則莫敢出. 敵強而孤, 則牽其首尾, 使之疲於奔趨; 敵狽[1]而倚, 則牽其中交, 使之不得相應. 大而廣, 衆而散, 則時此時彼,[2] 使之合則艱於聚, 分則薄[3]於守, 我乃竝軍一向, 可克也.

1 狽: 원래는 짐승 이름으로 앞발은 짧고 뒷발은 길어서, 낭狼과 함께라야 서서 다닐 수 있다는 짐승을 가리키는 단어로, '낭패스럽다, 허둥지둥하다'의 뜻으로 파생되었다.

2 時此時彼: 여기서 '時'는 '시기에 맞추어 노리다'라는 뜻의 동사로 사용되었다. 즉 '時此時彼'는 '여기서 때맞춰 노리고 저기서 때맞춰 노리다'의 의미다.

3 薄: 여기서는 '취약하다, 박약하다'의 뜻으로 사용되었다.

67. 친분 맺기

句

적군의 신임이 두터운 이와 친분을 맺어 안팎에서 통하게 하고, 적군의 용맹한 장수와 친분을 맺어 안에서 응하게 한다. 다른 나라와 친분을 맺어 응원이나 원조를 하게 하며, 사방의 변방국과 친분을 맺어 공격을 돕게 한다.

천하를 이기는 자는 천하 사람의 역량을 사용하니, 자기 힘만을 믿는 경우는 없다. 그러나 친분을 맺는 것은 곧 위험한 계책이니, 사용할 때는 반드시 그 중도에 있을 변화에 방비해야 한다.

요컨대 은혜가 결속하기에 충분하고 역량이 제재하기에 충분할 때만 곧 친분을 맺을 수 있다.

句[1]敵之信以爲通. 句敵之勇以爲應. 與國句之爲聲援, 四裔[2]句之助攻擊. 勝天下者用天下, 未聞己力之獨恃也. 抑句乃險策, 用則必防其中變. 究竟[3]恩足以結之, 力足以制之, 乃可以句.

---

1 句: 여기서 '句'는 '얽다, (다른 국가와 우호를) 맺다'라는 뜻이다.
2 四裔: '裔'는 '변방의 멀리 떨어진 지방'을 가리키는 단어로, '四裔'는 '사방의 변방에 있는 나라'를 뜻한다.
3 究竟: '요컨대'의 뜻으로 사용되었다.

68. 내어주기

委

적군에게 물건을 보내 혼란시키고, 사람을 보내 동요시키며, 보루와 토지를 내줘 교만하게 만든다.

넘겨주기 방법을 쓰기에 적절한 경우는, 적이 이뤄낸 일이 없다는 것에 지나치게 미련을 두거나, 공적이 없다는 사실을 참지 못할 때다.

委[1]物以亂之, 委人以動之, 委壘塞土地以驕之. 有宜用委者, 多戀[2]無成, 不忍無功.

1 委: 원래는 '맡기다, 위임하다', 혹은 '버리다, 내버려두다'의 의미로 사용되나, 여기서는 '(적에게 일부러) 넘겨주다, 보내주다'라는 의미다.

2 戀: 원래는 '사모하다, 그리워하다'의 뜻이나, 여기서는 '미련을 두다'의 의미로 사용되었다.

69. 진중하기

鎮

대개 장수는 지志이고, 삼군은 기氣다.[1] 기는 움직이기는 쉬우나 제재하기는 어려우니, 삼군은 장군의 진중함〔鎮〕에 따라 제재될 수 있다.

진중함은 놀라 허둥거릴 때 안정시킬 수 있어야 하고, 고민스러울 때 평안하게 할 수 있어야 하며, 백만의 무리도 물리칠 수 있어야 한다.

의지가 곧발라서 도모하는 것이 한결같고 기개가 드높아서 용기가 배가 되면, 움직여서 좋지 않은 경우는 없다.

---

1 대개 ~ 기氣다: 『맹자孟子』「공손추公孫丑 상」편에 "대개 지志는 기氣의 장수이고, 기는 본체에 가득한 것이다. (…) 지가 한결같으면 기를 움직이고, 기가 한결같으면 지를 움직인다 夫志, 氣之帥也; 氣, 體之充也. (…) 志壹則動氣, 氣壹則動志也"라는 구절이 있다. 여기서 '지志'는 장군의 의지이고, '기氣'는 본체인 군대를 구성하는 삼군으로 보았다.

夫將, 志也; 三軍, 氣也. 氣易動而難制, 在制於將之鎭. 鎭矣, 驚駭可定也, 反側[2]可安也, 百萬衆可卻滅也. 志正而謀一, 氣發而勇倍, 動罔[3]不臧[4].

2 反側: '輾轉反側'의 준말이다. 고민스러워 편안하지 않은 모양을 가리킨다.
3 罔: 원래는 그물을 나타내는 말이나, 여기서는 '없다'의 뜻이다.
4 臧: 여기서는 '훌륭하다, 좋다'는 뜻이다.

70. 승리
勝

대개 승리하는 경우를 보면, 용맹함으로써 이길 수도 있고 지혜로써 이길 수도 있으며, 덕으로써 이길 수도 있고 여러 번의 공격으로써 이길 수도 있으며, 한 번의 싸움으로 이길 수도 있다.

용맹한 상대를 이길 때는 반드시 지혜를 써야 하고, 지혜로운 상대를 이길 때는 반드시 덕을 써야 하며, 덕이 있는 상대를 이길 때는 힘써 더 수양하기를 바라야 한다. 잘 이기는 자는, 자질구레한 전투에서 여러 번 이기는 것에 힘쓰지 않고 완전히 이기는 데 힘쓰며, 또한 승리를 보전하는 데 힘쓴다.

만약 조그만 이익을 노리면, 부질없이 적의 노여움을 부추겨 적의 마음만 굳건하게 하고, 아군의 기세를 교만하게 해서 가볍게 진격하게 하며 아군의 의지를 떨어뜨려 기강을 해이하게 한다. 이 때문에 승리하지 못한다.

　凡勝者, 有以勇勝, 有以智勝, 有以德勝, 有以屢勝, 有以一勝. 勝勇必以
智, 勝智必以德, 勝德務祈修. 善勝者不務數勝而務全勝, 務爲保勝. 若覬[1]小
利, 徒挑[2]敵之怒, 堅敵之心, 驕我軍之氣而輕進, 隳我軍之志而解紐,[3] 是
爲不勝.

1　覬: '넘겨보다, 바라다'의 의미다.
2　挑: '도발하다, 돋우다, 부추기다'의 뜻이다.
3　解紐: 여기서 '紐'는 '사물의 핵심, 중심, 중추' 등을 나타내는 말이다. 따라서
'解紐'는 '핵심이 되는 것을 풀다'라는 뜻으로 국가의 기강이 해이해짐을 비유한 말
로 사용되었다.

71. 보전하기
全

하늘의 덕은 만물을 살게 하는 데 힘쓰고 전쟁의 일은 죽이는 것에 힘쓴다. 하늘의 덕을 생각하여 몸소 깨달은 자는, 전쟁에서 사람을 죽이는 일이 백성을 편안하게 하려고 하는 일이지 백성을 해치려고 하는 것이 아님을 알고, 전쟁이 잔혹함을 제거하려는 것이지, 잔혹하게 하려고 하는 것이 아님을 안다.

이 때문에 공격하지 않고 스스로 벗어나는 작전을 짜서 성을 보전하고, 부질없이 죽이는 것을 경계하도록 하여 백성을 보전하며, 함부로 죽이지 않는 무예를 진작시켜 군대를 보전한다.

전공을 요구하지 않고 사사로운 이익을 부러워하지 않으며, 지나친 욕심을 부리지 않고, 위엄을 세운다고 빙자하지 않는다. 성이 함락되어도 사람들을 놀라게 하지 않고 교외와 시장이 예전과 같게 해야 한다. 그러한 행동이 없으면 보전하지 않는 것이고, 곧 그러한 행동이 없으면 살아가게 하는 도가 아니다.

天德務生, 兵事務殺. 顧體[1]天德者, 知殺以安民, 非害民; 兵以除殘, 非爲殘. 於是作不攻自拔以全城, 致妄戮之戒以全民, 奮不殺之武以全軍. 毋徼功, 毋歆[2]利, 毋逞[3]欲, 毋藉[4]立威. 城陷不驚, 郊市若故. 無之而非全, 則無之而非生矣.

1 顧體: 여기서는 '과거의 사건을 돌아보고 몸소 깨닫다'라는 뜻이다.
2 歆: 여기서는 '부러워하다'의 뜻으로 사용되었다.
3 逞: 일반적으로 '굳세다, 왕성하다, 즐겁다'의 뜻으로 쓰이지만, 여기서는 '마음대로 부려서 만족을 느끼다'의 의미로 사용되었다.
4 藉: 원래는 '깔개, 받침'이나 '깔다, 빌다' 등의 뜻으로 사용되지만, 여기서는 '빙자하다, 핑계삼다'의 의미다.

72. 감추기
隱

대장이 군대를 움직일 때 매우 신중히 고려해야 한다는 것은, 본래 "주도면밀하기〔周〕"와 "신중히 하기〔謹〕" 조목에서 이미 말했다. 그러나 진지를 마주하여 적을 무찌를 때는 군사를 이끌고 장수들을 통솔해야 하기 때문에, 예상하지 못한 일이 많이 일어난다. 전군의 진격과 정지에 관계된 경우에는 마땅히 자신의 뛰어남을 드러내어 병사들이 따를 수 있는 자가 되어야 하고, 모든 군진의 존망과 관계된 경우에는 마땅히 안정을 계획하여 삼군이 의지할 수 있는 자가 되어야 한다. 또한 군대를 움직일 때는 출발할 시기를 알지 못하고, 정지할 때는 은둔할 기간을 알 수 없다.

따라서 가상의 상황을 사람들에게 제시해서 대부분의 사람이 알지 못하게 하고, 검과 칼이 빽빽이 늘어선 중에도 굳건하게 자신을 감추는 데 적합한 자가, 대장으로서 감추는 도가 있는 것이다.

大將行軍, 須多愼着, 固已言周謹矣! 然對壘克敵, 率軍馭將, 事多不測. 系一軍進止者, 當表異[1]以爲士卒先 ;[2] 系擧陣存亡者, 當計安以爲三軍恃, 且行不知所起, 止不知所伏, 顯象[3]示人而稠衆莫識, 刀劍森列之中, 享[4]藏身之固者, 大將有隱道也.

1 異: 여기서는 '특수함, 뛰어남'의 뜻으로 사용되었다.

2 先: 여기서는 '인도자, 선구자'의 뜻으로 사용되었다.

3 顯象: '顯'은 '드러내다, 나타내다'의 뜻이고, '象'은 현재 상황을 모방한 상황, 즉 '가상의 상황'을 뜻한다. 따라서 '顯象'은 '가상의 상황을 드러내다'라는 뜻이다.

4 享: 원래는 '누리다, 바치다, 제사지내다'의 뜻이나, 여기서는 '적합하다, 마땅하다'의 의미로 사용되었다.

衍部

병법을 잘 운용하는 사람은, 천문 현상[天]과 운수[數], 꺼리는 것[辟]과 망령된 것[妄]에 대한 설을 분명히 알고 여자의 부드러움[女]에 힘입거나 문학적 역량[文]에 통달하며, 적의 힘을 이용하고[借] 정보를 전달하는[傳] 등의 술책으로 널리 확충하는 데 인색하지 않다.

적을 상대하는 방법[對]에는 움츠리기[麐]·눈 접령하기[眼]·소리 이용하기[聲]·기다리기[挨]·위장하기[混]·되돌리기[回] 등의 방법이 있다. 또 절반의 기회[半]와 하나의 여분[一]을 남겨두며, 그림자 보여주기[影] 등의 방법을 쓰는 가운데 부질없게 하기[空]·없는 듯이 하기[無]·숨기기[陰]·조용히 있기[靜] 등의 정황에 이르게 한다. 한가한 시간 보내기[閑]·잊기[忘] 등의 행동을 통해서 변화를 꾀하고, 자신의 위세[威]와 능력을 드러내 보여주지 않아야 한다. 이러한 행동들은 곧 모두 주도권을 잡고[由], 자연법칙을 따라서[自] 저절로 그렇게 되는 경지[如]에 이르도록 하는 것이다.[1] 병법은 이러한 경지에 이르러야 곧 최고점에 이른다.

善用兵者, 明天數, 辟妄說, 廣推其役女·通文·借傳不惜. 對敵則麐·眼·聲·挨·混·回. 有用至半·一·影響之中; 致機於空·無·陰·靜, 化於閑忘, 不示威能, 斯爲操縱由己, 而底於自如之地也, 兵法至是乃極.

---

1 자연법칙을 따라[自] ~ 것이다: 조목의 순서에서는, 99가 '如', 100이 '自'로 되어 있는데, 여기서는 순서가 바뀌었다.

73. 천문 현상
天

별이 떠서 동서남북 네 극으로 움직이는 것은, 본래 인간 세상과 실제로 호응하는 일은 없다. 오직 별이 자리하는 지역에 해당되는 곳에서 기운이 하늘로 치솟아 오르면 증발한 기운이 바람·비·구름·안개 등이 될 뿐이다. 별무리, 별빛, 별들의 흔들거림 등 여러 기상 현상에 이르러서는 기미를 살펴서 자연 현상의 변화를 관찰할 수 있다. 바로 반응하는 것은 오직 음과 양, 추위와 더위, 어둠과 밝음의 역수일 뿐이다.

빠른 바람이 세차게 불어오면 신중하게 사방의 매서운 바람에 대비하고, 여러 별이 모두 흔들거리면 마땅히 비 등의 습함이 있으며, 구름과 안개가 사방에서 모여들면 아마도 습격이 있을 수 있고, 거센 바람과 폭우가 내리고 큰 번개가 번갈아 내리치면 급히 강한 쇠

뇌를 준비해야 한다.

　원인을 잘 파악하는 자는 일마다 이루지 못하는 것이 없고, 방비를 잘하는 자는 변화에 대응하지 못하는 것이 없을 것이다. 이것이 사람의 일이 자연의 변화에 합치하는 것이다.

　星浮四遊,[1] 原無實應, 惟當所居之地, 氣沖[2]於天, 蒸[3]爲風雨雲霧. 及暈芒蕩搖[4]諸氣, 可相機行[5]變. 正應者, 惟陰陽·寒暑·晦明之數而已. 疾風颯颯,[6] 謹防風角;[7] 衆星皆動, 當有雨濕; 雲霧四合, 恐有伏襲; 疾風大雨, 隆雷交至, 急備強弩. 善因者, 無事而不乘; 善防者, 無變而不應, 至人合天哉!

1　四遊: 옛사람들은 대지와 별들이 사계절에 따라 나뉘어서 동서남북의 네 극을 향하여 이동한다고 인식했는데, 이것을 사유四遊라고 했다.

2　沖: 여기서는 '날아오르다'라는 뜻으로 사용되었다.

3　蒸: 일반적으로 '찌다, 증발하다' 등의 뜻으로 쓰이는데, 여기서는 '흥성해지다'라는 뜻이다.

4　蕩搖: 이리저리 흔들리는 현상을 표현한 의태어다.

5　行: 일반적으로 '다니다, 행하다, 유행하다' 등의 뜻으로 쓰인다. 여기서는 '보다, 관찰하다'의 의미로 사용되었다.

6　颯颯: 바람이 빠르게 불거나 비가 세차게 내릴 때 나는 소리를 표현한 의성어다.

7　風角: 일반적으로 바람이 불어오는 것을 보고서 길흉을 점치는 것을 가리키는 말로 사용되나, 여기서는 문맥상 '바람의 매서움'으로 보는 것이 타당할 듯하다.

74. 운수
數

군대에서는 계획하는 것을 중요하게 여기는데, 어찌 운수(數)를 언급할 수 있겠는가? 그리고 운수라는 것 또한 본래 없는 것이다.

바람이 불고 비가 흠뻑 내리는 것은 하늘이 다만 자연에게 맡긴 것일 뿐이고, 얼음이 단단하게 얼고 조수가 멈추는 것 또한 기후가 우연히 합치된 것이다. 하물며 이기다가 다시 실패하고, 실패했다가 다시 이기는 것에 있어서는 어떻겠는가? 승리하면 군왕이 되고 실패하면 제거되어 사라진다.

장군과 재상의 능력을 다해서 다투다보면, 곧 다른 사람에게 의도하지 않았는데 다른 사람이 갑자기 우리를 돕고, 적에게 위협을 가하지 않았는데 적이 갑자기 실수하며, 어떤 일에 대해 아직 생각하지도 않았는데 기회가 우연히 합치하니, 이들은 모두 인력으로

운수를 만든 것이지 운수로 인력을 좌우한 것은 아니다.

결국 운수는 사람의 행위에 관계된 것인데, 하늘이 어떤 곳에 관여하겠는가? 진실로 장군으로 임명되어 지휘를 맡은 이는 다만 자기가 할 수 있는 일을 다할 뿐이다. 예컨대 관로管輅,[1] 곽박郭璞,[2] 원천강袁天綱,[3] 이순풍李淳風[4] 등의 학문은 신비롭게 여길 수는 있으나 믿어서는 안 된다.

兵家貴[5]謀, 曷可言數?[6] 而數亦本無. 風揚雨濡, 在天只任自然; 凍堅潮停, 亦是氣候偶合. 況勝而旋敗, 敗而複勝? 勝而君王, 敗而撲滅. 擧爭將相之能, 卽未圖於人而人條助, 未傾[7]於敵而敵忽誤. 事所未意而機或符, 皆以人造數, 而非以數域人. 數系人爲, 天著何處, 苟擁節專麾, 止盡其在我者而已. 若管郭袁李之學, 可神而不可恃也.

1 관로管輅: 삼국시대 위나라의 방사方士로서 기이한 행동을 많이 했으며 점괘에 뛰어났다.

2 곽박郭璞: 276~324. 진晉대의 시인 겸 학자다. 자는 경순景純이고, 산시山西 성 하동河東 문희聞喜에서 출생했다. 서진西晉 말에 강남에 가서, 음양오행陰陽五行과 천문역법天文曆法, 특히 점서占筮와 예언술에 뛰어난 재능을 발휘하여 명성을 드날리고 동진東晉 왕조 성립 초기에 그 장래의 운명과 길흉화복을 예언했다고 한다.

3 원천강袁天綱: 수말·당초隋末唐初의 사람으로 관상술觀相術에 정통했다. 사람의 곤궁함과 형통함을 잘 맞췄다.

4 이순풍李淳風: 당唐의 풍수가風水家로서 천문, 역법, 점술 등의 학설에 정통했다. 저서에 『법상서法象書』『전장문물지典章文物志』『기사지己巳志』 등이 있다.

5 貴: '중시하다, 숭상하다, 귀하게 여기다'의 뜻으로 해석할 수 있다.

6 數: '천수天數' 또는 '천명天命'을 가리키며, 하늘이 정해준 운명 정도의 뜻으로 해석할 수 있다.

7 傾: 원래 '기울어지다'의 뜻이나, 여기서는 '위태롭게 하다, 위협을 가하다'의 뜻이다.

75. 꺼리는 것

辟

　　병법가에게는 근거 없이 꺼리는 것이 있어서는 안 된다. 꺼리는 것이 있으면 유리한 상황에서도 기회를 잡을 수 없다. 또 근거 없이 의지하는 것이 있어서도 안 된다. 의지하는 것이 있으면 군대의 사기를 진작시킬 수 없다. 반드시 현녀玄女[1]와 역사力士[2]의 진법을 찾으려 하지 말고, 활요活曜[3]와 둔갑遁甲[4]의 설說을 일삼지 말며, 고허

1　현녀玄女: 전설에 의하면, 황제黃帝와 치우蚩尤가 싸울 때 상천上天에서 구천九天의 현녀를 파견하여 황제에게 병부兵符를 주어 승리를 돕게 했다고 한다. 『육임六任』 『둔갑遁甲』 등의 책도 모두 구천의 현녀에게서 나왔다고 전해진다.

2　역사力士: 관명官名이다. 징과 북, 깃발 등의 관리를 담당했고, 황제皇帝의 좌우를 수행한다.

3　활요活曜: 황제가 생명을 담당하도록 명령한 신이다. 상제를 수행하면서 동쪽에서 출현한다. 여기서는 해와 달이 질 때의 빛을 근거로 미래를 점치는 방법을 가리킨다.

4　둔갑遁甲: 고대의 방술이다. 천간 중에 을乙·병丙·정丁을 '삼기三奇'로 삼고 무戊·기己·경庚·신辛·임壬·계癸를 '방의方儀'로 삼아서, 구궁九宮에 나누어 두고서 갑甲으로 총괄하게 하여, 그 길흉을 살펴보고 빨리 피하는 법이다.

孤虛[5]·풍각風角[6]·일자日者[7]·영태靈台[8]의 학문을 연구하지 말아야 한다. 거센 바람과 폭우, 우렁찬 천둥과 번쩍이는 번개, 깃발의 꺾임과 말의 놀람 등을 당연하게 여겨야지 미혹되어서는 안 된다.

사람으로서 해야 할 일에 근거해서 나아가고 물러서는 것을 결정하며, 시급한 일로써 군대의 지침을 결정해야 한다. 인사가 안정되었는데 천시天時[9]를 이기지 못하며, 의지가 한결같은데 사기士氣를 움직이지 못하겠는가?

兵家不可妄[10]有所忌, 忌則有利不乘; 不可妄有所憑, 憑則軍氣不勵.[11] 必玄女·力士之陣不搜, 活曜·遁甲之說不事, 孤虛·風角·日者·靈台之學不究. 迅風疾雨, 驚雷赫電, 幡折馬跑, 適[12]而不惑. 以人事准進退, 以時務決軍機. 人定有不勝天, 志一有不動氣哉!

---

5 고허孤虛: 일시日時를 계산할 때 10천간과 12지지를 순서대로 서로 배합하여 10일을 정하는데, 남은 2개의 지지를 '고孤'라 하고, 그 고와 다시 짝하게 되는 2개의 천간을 '허虛'라고 한다. 고대에는 항상 이것을 써서 길흉화복과 일의 성패를 계산했다. 점칠 때 고와 허의 점괘를 얻으면 주관하는 일이 성사되지 않는다고 한다.

6 풍각風角: 사방四方과 네 모퉁이의 바람을 궁宮·상商·각角·치徵·우羽의 오음五音으로 감별하여 길흉을 점치는 방술方術이다.

7 일자日者: 점치는 일을 직업으로 하는 사람이다.

8 영태靈台: 별 이름. 구름·상서로운 조짐·재앙 등을 관찰하는 데 사용된다.

9 천시天時: 하늘이 주는 좋은 시기 혹은 자연 현상을 말한다.

10 妄: '근거 없다, 터무니없다, 도리에 맞지 않다'의 뜻으로 쓰였다.

11 勵: 일반적으로 '힘쓰다, 권장하다, 격려하다'의 뜻으로 쓰이나, 여기서는 '진작시키다, 북돋우다'의 의미로 사용되었다.

12 適: 일반적으로 '가다, 만나다, 맞다' 등의 뜻으로 쓰이나, 여기서는 '당연하게 여기다'의 의미로 사용되었다.

76. 망령된 것
妄

『주역』을 읽으면 대과大過·무망無妄이라는 괘가 있다. 성현은 진실하고 망령됨이 없는 것〔無妄〕으로 허물에서 벗어나지만, 병법에서는 망령된 것을 잘 사용하는 것으로 공을 세운다.

그러므로 병법을 잘 활용하는 사람은 거짓으로 행동하고 반대로 시행하며, 거꾸로 드러내고 속여서 빼앗으며, 하늘의 운행을 때때로 거스르고 풍속의 금기를 때때로 어기며, 귀신의 힘을 가탁하기도 하고 꿈이나 점을 의탁하기도 하며, 기이한 물건을 이용하고 동요나 참언을 퍼트리기도 하며, 행동거지나 처리하는 것을 때때로 이상하게 하고 말의 전후를 때때로 모순되게 하여, 아군의 마음을 고무시키고 적의 사기를 꺾어 사람들이 헤아리지 못하게 한다.

망령된 행동은 본래 해서는 안 되지만 진실로 부대의 상황에 유

리하다면, 비록 거짓으로 망령된 행동을 하더라도 다만 의심이 없
게 할 수 있다면 해도 괜찮다.

讀『易』, 曰大過, 曰無妄. 聖賢以無妄而免過, 兵法以能妄而有功. 故善
兵者, 詭行反施, 逆發詐取, 天行時干,[1] 俗禁時犯, 鬼神時假,[2] 夢占時托,
奇物時致, 謠讖時倡,[3] 擧措時異, 語言時舛; 鼓軍心, 沮[4]敵氣, 使人莫測.
妄固不可爲, 苟有利於軍機, 雖妄以行妄, 直致無疑可也.

---

1 干: 원래는 방패를 뜻하는 말로서 '방어하다, 구하다, 범하다' 등으로 쓰이나, 여
기서는 '거스르다, 위반하다, 어지럽히다' 등의 의미로 사용되었다.
2 假: 일반적으로는 '일시적, 임시적' 혹은 '가짜, 거짓' 등으로 쓰이나, 여기서는
'빌리다, 가탁하다'의 의미로 사용되었다.
3 倡: 원래 '광대, 기생'이나 '부르다, 번창하다' 등으로 쓰이지만, 여기서는 '널리
퍼뜨리다'의 의미로 사용되었다.
4 沮: 일반적으로 '막다, 저지하다'의 뜻으로 쓰이나, 여기서는 '꺾다, 손상시키다'
의 의미로 사용되었다.

77. 여자
女

　　남자는 강함을 간직하며 여자는 부드러움을 간직하고 있다. 옛날 대장들 가운데 간혹 여자의 부드러운 역량에 힘입은 자가 있는데, 화평할 때 사용해서 적을 어리석게 하거나 소극적이게 하고, 전쟁할 때 이용하여 전쟁을 일으키거나 적군을 몰아내고, 어려운 상황에서 구하거나 위험에서 벗어날 수 있게 하며, 계책을 운용하거나 변화에 대응할 수 있으니, 모두 유익하다.

　　남자는 이와 같은 임무를 완성하기에 충분치 않고 여자라야 곧 실행할 수 있다.

男秉剛, 女秉柔. 古之大將, 間[1]有藉於女柔者, 文[2]用以愚敵玩寇,[3] 武用
則作戰驅軍, 濟艱解危, 運機[4]應變, 皆有利也. 男不足, 女乃行.

1 間: 경우를 나타내는 말로 '간혹'이란 뜻으로 해석한다.

2 文: 뒤에 나오는 '武'의 상대적인 뜻으로, '화평한 시기, 태평한 시기'를 지칭하는
말이다.

3 玩寇: '적에게 대항하여 반격하는 데 소극적으로 만들다'라는 의미다.

4 運機: 여기서 '機'는 '계책, 책략'을 의미한다. 따라서 '運機'는 '계책을 운용하다'
라는 뜻으로 사용되었다.

78. 학문적 역량

文

전쟁에서는 본래 용맹함을 논하지만, 대장이 정벌이나 토벌할 때는 때때로 우격羽檄[1]과 비문飛文[2]을 사용하기도 한다. 항상 한 편의 글로 인해서 적국이 투항하거나 적군이 항복하는 경우가 있었다.

사졸들이 글귀를 조금 알면, 전쟁에서의 무공에 대한 시나 노래, 행군 중에 쓰이는 비속한 말들, 조약이나 금지·명령 등을 한가할 때 반복해서 익히게 해야 한다. 혹은 돌아가면서 서로 귀로 전하게 하여 스스로 조칙을 듣고 그 의미를 해석하게 해야 한다.

그 의미를 오해하지 않아야, 위로 군자로서 장수가 된 사람 혹은 유자儒者의 병사가 될 수 있다.

---

1 우격羽檄: 군대의 문서로 새 깃털과 격문을 말한다. 새의 깃털을 꽂아서 긴급함을 표시하면 반드시 신속히 돌아와야 한다. 격문은 정벌하러 가서 적의 죄상을 성토하는 문서다.
2 비문飛文: 적을 비방하거나 회유하기 위해 퍼뜨리는 글을 말한다.

武固論勇, 而大將征討, 時用羽檄飛文, 恒有因一辭而國降軍服者. 士卒稍知字句, 馬上[3]詩歌, 行間俚語, 條約禁令, 暇則使之服習, 或轉相耳傳, 自聞詔解義. 不害[4]上爲君子師·儒者兵[5]也.

3 馬上: 원래 '말 위'를 의미하나, 여기서는 의미가 확장되어 전투에 임해서 세운 무공을 가리키는 말로 사용되었다.

4 害: 여기서는 '오해하다'의 뜻으로 사용되었다.

5 儒者兵: 인仁과 의義를 아는 병사, 즉 유가儒家의 소양을 갖춘 병사를 가리킨다.

79. 이용하기
借

옛날 '이용하기〔借〕'를 언급한 것에는, 외부로는 사방에 있는 변방
국을 끌어들이고 내부로는 동맹국과 협약을 맺어서, 군사를 요청하
여 도움을 구하는 것뿐이었다. 오직 진영을 마주하여 계략을 세웠
으나 서로 막상막하가 되었을 때 '이용하는 법〔借法〕'을 사용한다.

이용은 매우 교묘하다. 대체로 힘에 있어서 곤란함이 있으면 적
의 힘을 이용하고, 죽이는 데 어려움이 있으면 적의 병기를 이용하
며, 금전에 있어서 궁핍하면 적의 금전을 이용하고, 물자에 모자람
이 있으면 적의 물자를 이용하며, 군대를 인솔하는 장수가 적으면
적군의 장수를 이용하고, 지략이 적절하지 않으면 적의 지략을 이용
한다.

그러려면 어떻게 해야 하는가? 우리가 실행하려는 일에 적을 유

인하여 복역시키면 적의 힘이 이용되는 것이고, 적을 속여서 우리가 죽이고자 하는 사람을 죽이면 적의 병기가 이용되는 것이다. 적이 소유한 것을 점거하면 적의 재물을 이용하는 것이고, 적이 쌓아둔 물자를 빼앗으면 적의 물자를 이용한다고 할 수 있다. 적들을 스스로 싸우도록 하면 적군의 장수를 이용하는 것이고, 적들의 계략을 뒤집어서 우리의 계략으로 사용하거나 적들의 계획에 따라서 우리의 계획을 완성하면 적의 지략을 이용하는 것이다.

자기가 처리하기 어려운 것에 대해 적의 손을 이용하면, 직접 실행할 필요도 없이 가만히 앉아서 그 이로움을 취한다. 적은 우리의 도우미가 되지만 그 덕을 보지 못하며, 우리는 그들을 복역하도록 내몰지만 그에 대한 법령이 모두 필요 없다.

심지어 적을 이용해서 또 다른 적을 이용하고, 적이 우리를 이용한 것을 다시 이용해서, 적으로 하여금 모르는 사이에 끝끝내 우리에게 이용되게 하며, 적이 알았더라도 우리에게 이용되지 않을 수 없게 하니, 이용하는 법은 교묘하다.

古之言借者, 外援四裔, 內約與國, 乞師以求助耳. 惟對壘設謀, 彼此互角,[1] 而有借法. 借法乃巧. 蓋艱於力, 則借敵之力; 難於誅, 則借敵之刀; 乏於財, 則借敵之財; 缺於物, 則借敵之物, 鮮軍將, 則借敵之軍將; 不可[2]智謀, 則借敵之智謀.

1　互角: 뿔의 크기가 서로 비슷하다는 데서 유래한 말. 서로 못하고 나음이 없음을 뜻한다.
2　可: 일반적으로 '~할 수 있다, 할 만하다' '옳다' 등의 뜻으로 많이 쓰이나, 여기서는 '적절하다, 적합하다'의 뜻이다.

何以言之? 吾欲爲者誘敵設, 則敵力借矣; 吾欲斃者詭敵殲, 則敵刀借矣; 撫[3]其所有, 則爲借敵財; 劫其所儲, 則爲借敵物; 令彼自鬥, 則爲借敵之軍將; 翻彼著爲我著, 因彼計成吾計, 則爲借敵之智謀. 己所難措, 假手於人, 不必親行, 坐享其利; 敵爲我資, 而不見德;[4] 我驅之役, 法令俱泯; 甚且以敵借敵, 借敵之借, 使敵不知而終爲我借, 使敵旣知而不得不爲我借, 則借法巧也.

연부
—
190

撫: 주로 '어루만지다, 위로하다, 돌보다'의 뜻으로 사용되나, 여기서는 '점거하다, 제압하다'의 의미다.

4 見德: 여기서 '見'은 '받다', '德'은 '진심 어린 감사'의 뜻으로 사용되었다. 따라서 '見德'은 '진심 어린 감사를 받다'의 의미다.

80. 연락하기

傳

군대가 움직일 때 연락할 방법이 없다면, 분산된 부대는 합치될 수 없고 멀리 떨어진 부대는 호응할 수 없다. 따라서 부대 사이에 서로 알릴 수 없는 것은, 실패하는 길이다. 그러나 연락하면서도 비밀을 지키지 못하면 도리어 적의 계략에 당한다.

그러므로 징·깃발·폭죽·말馬·영전令箭[1]·기화起火[2]·봉연烽煙[3] 등으로 위급함을 알리는 것 외에 두 부대가 서로 만날 때는 암호를 물어야 하고, 천 리 정도로 멀리 떨어져 있을 때는 '소서素書(암호 편지)'를 사용하는 것이 마땅한데, 소서는 글자체를 이루지 못하고 정형화된 문장도 없으며 종이나 죽간을 쓰는 것도 아니다. 전달하는 사람은 알지 못하고 빼앗는 자도 캘 수 없으니 신기하고 신기하다.

혹 적에게 가로막혀 있어 통행이 끊어지거나 멀어서 연락이 미치

1 영전令箭: 옛날 군대에서 명령을 전달할 때 썼던 화살. 긴 자루가 달린 틀에 꽂아서 징표로 삼았다.
2 기화起火: 갈짚 폭죽. 불을 붙이면 높게 올라가는 것으로 신호한다.
3 봉연烽煙: 봉화烽火. 봉화대에서 위급한 상황을 알리기 위해 사용하는 연기다.

지 못할 경우에는 다시 기회를 살펴서 연락해야 한다.

軍行無通法,[4] 則分者不能合, 遠者不能應. 彼此莫相喩, 敗道也. 然通而
不密, 反爲[5]敵算. 故自金·旌·炮·馬·令箭·起火·烽煙, 報警急外: 兩軍相
遇, 當詰暗號; 千里而遙, 宜用素書, 爲不成字·無形文·非紙簡. 傳者不知,
獲者無跡, 神乎神乎! 或其隔敵絶行, 遠而莫及, 則又相機以爲之也.

4 通法: 통신 연락하는 방법을 가리킨다.
5 爲: 보통 '하다, 되다, 위하다, 만들다' 등의 뜻으로 쓰이며, 여기서는 '당하다'라
는 피동의 뜻으로 사용되었다.

81. 상대하기

對

　일을 마땅하게 처리하는 데는 양면이 있어서, 매번 서로 상대하여 나오기 마련이다. 정상적인 방법이 있으면 곧 변칙적인 방법도 있고, 취할 만한 것이 있으면 또한 버릴 만한 것도 있다.

　고금의 지혜롭고 능력 있는 사람이 이미 당시 수요의 적절성과 전투 진영의 이해 가운데 계산하고 대비한 것을 마주하면, 거기서 전투의 핵심적인 방법이 생기고 병법의 변화가 신이하게 되니, 무궁한 용도가 있을 것이다.

義[1]必有兩, 每相對而出. 有正卽有奇, 可取亦可舍.[2] 對古今智能人已籌備時宜可否·戰陣利害中, 機法[3]生焉, 變化神焉, 有無窮之用矣!

---

1 義: 일반적으로 '(일이나 사물의) 마땅함, 적절함'을 가리키는데, 여기서는 '일을 마땅하게 처리하는 것'을 뜻한다.

2 舍: '捨'와 같이 통용되며, '버리다'의 뜻으로 사용되었다.

3 機法: '機'는 '일의 가장 중요한 부분'을 가리키는 말이며, '機法'은 '핵심적인 방법'이라는 뜻이다.

82. 움츠리기
蹙¹

마음속에서 꾀하는 것을 '계획(計)'이라 하고, 힘써 행할 수 있는 것을 '능력(能)'이라 한다. 마음속에서 운용하는 것은 '허상(虛)'이고, 행위에 드러나는 것이 '실상(實)'이다.

능력이 있으면 계획할 수 있으니, 비록 계획하는 중이라도 또 다른 계획을 생산해낼 수 있다. 능력이 없으면 계획에 따라 처리할 수 없고 좋은 계획이라도 모두 쓸데없게 되니, 계획한 것이 쓸데없으면 계획이 아니다.

계획할 때는 반드시 능력이 미치는 것을 계획해야 하는데, 공격능력과 수비능력뿐만 아니라, 곧 패하여 달아나기(走)·항복하기(降)·전사하기(死) 등도 역시 필요한 능력이다. 그러므로 병법을 잘 활용하는 사람은 나라의 형편과 자기 역량, 군대의 무력과 재정 상태 등

---

1 蹙: 원래는 '긴급하다, 곤궁하다, 찌푸리다'의 뜻이나, 여기서는 형세가 불리할 때 물러나서 피하는 계책을 가리킨다.

을 분명하게 알고서, 적과 비교하여 계획을 세운다.

계획을 잘 세우는 영웅이라도 손이 묶일 때가 있거나 무예 실력을 발휘할 곳이 없는 경우가 있는데, 이는 형세가 충분치 않고 할 수 있는 것이 없기 때문이다. 따라서 움츠리는 것은 형세가 나아지거나 능력이 발휘되지 못할 때, 적에게 머리를 숙이고 제재를 받는 것이다.

계획을 세울 수 없을 때의 계획으로는 단지 한 번 피하는 것만 있고, 지혜를 사용할 수 없을 때의 지혜로운 방법으로는 단지 한 번 옹졸해지는 것만 있으며, 시행할 능력이 없을 때의 능력을 사용하는 방법으로는 잠시 한 번 굴복하는 것일 뿐이다. 뿔이 있어서 예리하거나 손톱이 있어서 대항할 수 있으면 움츠러들어서는 안된다.

謀於心曰計, 力可爲曰能. 從心運者虛, 見諸爲者實. 有能則能〔計〕, 雖半計而亦可生計. 無能則無從計, 而善計皆空, 籌空非計也. 計必計所能, 不惟攻擊能, 戰守能, 卽走·降·死亦必要之能. 故善兵者, 審國勢己力, 師武財賦, 較於敵以立計. 英雄善計者而有束手之時, 無用武之地, 勢不足而能不在耳. 蹙之者, 於勢能未展之日, 則俯首受制. 無計之計, 止有一避; 無智之智, 止有一拙; 無能之能, 暫用一屈. 角而利, 爪而距, 不可蹙矣!

83. 눈 점령하기
眼[1]

적군이 반드시 믿고 움직이는 것이 있는데, 이것이 '눈[眼]'이다. 마치 사람에게 눈이 있어서 손발을 들고 움직일 때 편리한 것과 같다. 이 때문에 명장은 반드시 적군의 눈에 해당되는 곳을 먼저 살펴보고 도려내는 방법을 사용한다.

적군이 책사를 눈으로 여기면 그를 없애는 데 힘쓰고, 용감한 장수를 눈으로 여기면 그를 제거하는 데 힘쓰며, 가까이하여 신임하는 사람을 눈으로 여기면 그를 소원하게 할 수 있어야 하고, 명예와 의리를 눈으로 여기면 무너뜨릴 수 있어야 한다.

어떤 때는 적이 토대로 삼고 있는 곳을 빼앗고 어떤 때는 적의 요해처를 공격하며, 어떤 때는 적의 비밀 계획을 그르치게 하고 어떤 때는 믿고 사귀는 이를 이간질하며, 어떤 때는 의지하는 것을 제거

---

1 眼: '눈, 구멍, 요점' 등으로 해석할 수 있으며, 여기서는 '요점, 핵심부'를 의미한다.

하고 어떤 때는 늘 이점으로 여기는 곳을 파괴하기도 한다. 이것이
병법가의 '눈을 점령하는 법〔點眼法〕'이다.

점령하는 것에는 가리는 방법이 있고 드러내는 방법이 있으며, 급
하게 공략하는 법이 있고 느긋하게 공략하는 법이 있다. 사람에게
눈이 있으면 볼 수 있고 바둑에 눈이 있으면 살아날 수 있다. 적의
생명줄을 끊고 밝음을 잃어버리게 하는 것이 어찌 적을 제압하는
중요한 방법이 아니겠는가?

敵必有所恃而動者, 此眼也. 如人有眼, 手足擧動斯便利. 是以名將必先
觀敵眼所在, 用抉剔²之法. 敵以謀人爲眼, 則務祛之; 以驍將爲眼, 則務
除之; 以親信爲眼, 則能疏之; 以名義爲眼, 則能壞之. 或拔其基根, 或中³其
要害, 或敗其密謀, 或離其恃交, 或撤其憑借, 或破其慣利, 此兵家點眼法
也. 點之法, 有陰·有陽; 有急·有緩. 人有眼則明, 弈有眼則生. 絶其生而喪
其明, 豈非制敵之要法哉?

2 抉剔: 원래 '抉'은 '살을 도려내다', '剔'은 '뼈를 바르다'라는 뜻이며, '抉剔'은 '도
려내 깨끗이 없애버리다'라는 뜻이다.
3 中: '습격하다, 피해를 입히다, 공격하다'의 뜻으로 사용되었다.

84. 소리 이용하기
聲

군대가 정의正義 때문에 움직이는 것은 병사들을 명예롭게 하는 것이고, 놀라게 하여 적을 자주 동요시키는 것은 적을 협박하는 것이다.

적이 밤중에 병영 밖에서 자고 있을 때, 멀리서 횃불과 북소리로 적을 속이고 실제로는 징과 포격으로 적을 압박하며, 적의 전방과 퇴로를 억압하고 좌우 양쪽 길에 병사를 매복시켜서, 적으로 하여금 달아나게 하고서 그들을 섬멸하는 것이 탁목획啄木畫[1]이다.

꽝꽝 으르렁거리며 웅장한 소리로 꾸짖으며 수만 명의 병사가 구름가에서 뿜어져 나오듯 적에게 몰려드는 것을 '천려天唳'라고 한다. 졸졸대다가 콸콸거리며 수천의 군사가 적진 내에서 진영을 소란스럽게 하는 것을 '귀혜鬼嘒'라고 한다.

---

1 탁목획啄木畫: 딱따구리가 여러 부위의 나무줄기를 쪼아서 벌레 잡는 것을 본뜬 계책이다. 소리로 다방면에서 적을 어지럽히고 진격하여 적을 섬멸하는 전법이다.

조수가 돌아오듯 세찬 소리를 내다가 학이 울듯 청아한 소리를
내어 적을 놀라게 하여 들었다가 놓았다가 하며 어쩔 줄 모르게 해
서, 적군으로 하여금 서로 공격하게 한 다음 그들을 완전히 제거하
는 것이 낙물삭落物朔[2]이다.

師以義動者, 名兵也. 驚使數動者, 虛喝[3]也. 敵夜營, 遙誘以火鼓, 實迫
以金炮, 制敵前後, 伏兵兩路, 使敵逃竄而殲之者, 啄木畫也. 轟轟隱隱, 萬
人咤[4]自雲端, 名曰天唳; 潺潺泡泡,[5] 千軍噪營於內, 名曰鬼嘩. 如潮回, 如
霍[6]淸, 震敵上下不知所由, 使敵自相擊撞, 而滅絕之者, 落物朔也.

2　낙물삭落物朔: 떨어진 낙엽을 북풍이 쓸고 가는 듯한 형상을 취한 전법.
3　虛喝: 거짓으로 가장하여 적을 위협하거나 협박하여 두렵게 하는 방법.
4　咤: '크게 소리치며 꾸짖다'라는 뜻이다.
5　潺潺泡泡: 물 흐르는 소리로 潺潺은 물이 완만하게 흐르는 소리이고, '泡泡'는
물이 급하게 흐르는 소리다.
6　霍: 원래 새가 급히 날 때의 소리를 형용한 말로 '빠르다'나 '갑자기'의 뜻으로
쓰이나, 여기서는 '학'의 의미다.

85. 기다리기

挨

자연의 법칙[天道]에서는 나중에 일어나는 것이 이기고, 병법에서는 쉬운 곳을 공략하고 어려운 곳을 공략하지는 않는다. 위세가 급박한 군대는 병력을 소진하기 쉽고. 정예 부대가 사나운 군대는 좌절되기 쉽다. 그러므로 적이 움직일 때 우리는 조용히 있을 수 있어야 하고, 우리가 일어날 때는 적의 피로를 틈타야 한다.

적이 많은 무리를 이끌고 와서 형편상 오래 유지할 수 없으면 기다려야 하고 적의 형세가 난처하여 급하게 결전하려고 하면 기다려야 하며, 적들은 싸우면 유리하고 우리는 싸우면 불리한 경우에는 기다려야 하고, 시기상 지키면서 조용히 있는 것이 적합하고 먼저 움직이는 것이 위태로워지면 기다려야 하며, 두 적이 서로 싸우면 반드시 손상을 입거나 패배하는 쪽이 있을 것이니 기다려야 하고, 무리가 많아서 서로 시기하면 반드시 각자 도모하는 데 이를 것이니 기다려야 하며, 적이 비록 지혜롭고 능력이 있어도 내부에 견제하는 자가 있으면 기다려야 한다. 자연의 시기가 패배를 야기하려 하고, 지세의 험난함이 함정에 빠트리기에 적절하며 용맹한 아군의 기세가 적을 무너뜨릴 수 있으면 기다려야 한다.

기다렸다가 군대를 일으켜 적을 공격하여 취하면, 힘은 보전되면서 상황은 정리되고, 일은 간략하면서 공은 많아진다. 옛날에 편안히 살펴보라고 한 것과 천천히 기다리라고 한 것, 그리고 적들로 하여금 스스로 도발하게 하라고 한 것 등은 모두가 이 때문이다. 급하게 공격할 수 있으면 기세를 틈타고, 천천히 하는 것이 유리하면 기다려야 한다. 그러므로 훌륭한 병법서에서는 뒤로 미루는 것을 옳게 여기는 이치가 있다.

天道[1]後起者勝. 兵法攖[2]易不攖難. 威急者, 索[3]也; 銳犀者, 挫也. 敵動我能靜, 我起乘敵疲. 敵挾衆而來, 勢不能久, 則挨之; 其形窘迫急欲決戰, 則挨之; 彼戰爲利, 我戰不利, 則挨之; 時宜守靜, 先動者危, 則挨之; 二敵相搏, 必有傷敗, 則挨之; 有衆而猗, 必至自圖,[4] 則挨之; 敵雖智能, 中有掣[5]者, 則挨之; (…) 天時將傷, 地難將陷, 銳氣將墮, 則挨之. 挨之, 乃起而收[6]之, 則力全勢遂, 事簡功多. 古之所爲寧觀, 爲徐俟, 爲令彼自發, 皆是也. 可急則乘, 利緩則挨, 故兵經有後之義.

---

1 天道: '하늘의 이치, 자연 법칙' 등의 뜻으로 해석할 수 있다.
2 攖: 주로 '매다, 구속하다, 다가서다'의 뜻으로 쓰이나, 여기서는 '공격하다, 침범하다'의 의미로 사용되었다.
3 索: 일반적으로 '찾다, 취하다'나 '꼬다' 등의 뜻으로 쓰이지만, 여기서는 '다하다, 소진하다'의 의미로 사용되었다.
4 自圖: '圖'는 '도모하다'라는 뜻이고, '自圖'는 각자 공을 세우려고 도모하여 분열이 생긴다는 뜻이다.
5 掣: 주로 '끌다, 잡아당기다, 억누르다'의 뜻으로 쓰이며, 여기서는 '견제하다'의 의미다.
6 收: '공격하여 취하다, 점거하다'의 의미다.

86. 위장하기

混

아무것도 없는 곳을 위장하면 적은 공격할 곳을 알지 못하고, 충실한 곳을 위장하면 적은 피할 곳을 알지 못하며, 기정奇正[1]을 위장하면 적이 변화를 알지 못하고, 군대를 위장하거나 장군을 위장하면 적은 분별할 줄 모르게 된다.

또한 적의 장군을 혼미하게 하여 그의 군대를 빼앗고, 적군의 부대를 혼미하게 하여 장수를 빼앗으며, 적의 부대와 장수를 혼미하게 하여 성이나 진영을 빼앗는다. 적의 깃발과 같게 하고, 적의 갑옷이나 투구와 동일하게 하며, 적의 차림과 용모로 분장하여, 기회를 틈타 몰래 잠입한다. 그 후에 중앙부에서 출현하고 내부에서 공격하여, 우리는 적을 죽여도 적은 우리를 죽이지 못하며, 아군은 스스로 분변할 수 있으나 적은 분변할 수 없게 하는 것이 위장하기의 근본이다.

---

1 기정奇正: 전쟁을 할 때 진지를 마주하고 교전하는 것을 '정正'이라 하고, 매복이나 습격 등의 전술을 쓰는 것을 '기奇'라 한다.

混²於虛, 則敵不知所擊; 混於實, 則敵不知所避; 混於奇正, 則敵不知變化; 混於軍·混於將, 則敵不知所識. 而且混敵之將以賺³軍, 混敵之軍以賺將, 混敵之軍將以賺城營. 同彼旌旗, 一彼衣甲, 飾彼裝束⁴相貌, 乘機竄入, 發於腹, 攻於內, 殲⁵彼不殲我, 自辨而彼不能辨者, 精於混也.

2 混: 주로 '섞다, 섞이다, 흐리다' 등의 뜻으로 사용되며, 여기서는 '위장하다, 혼미하게 하다, 혼동을 주다' 등의 의미로 쓰였다.

3 賺: 일반적으로 '속이다, 비싸게 팔다, 돈을 벌다' 등의 뜻으로 쓰이며, 여기서는 '획득하다, 취하다, 빼앗다' 등의 의미로 사용되었다.

4 裝束: '몸 차림을 갖추어 꾸민다'라는 뜻이다.

5 殲: '섬멸하다, 죽이다'의 뜻이다.

87. 되돌리기

□

대개 계획은 지혜로운 적에게는 한 차례 사용하면 바꾸고, 어리석은 적에게는 두 차례 사용하고 바꾸며, 여러 번 속임을 당해도 깨닫지 못하는 자에게는 세 차례 사용하고 바꾼다.

하나의 계획을 세 차례 사용하고 바꿔 원래대로 되돌리는 것은 적이 신기롭게 여겨 헤아릴 수 없게 하고, 두 차례 사용하고 원래대로 되돌리는 것은 적이 헤아리게 하며, 한 차례만 사용하고 원래대로 되돌리는 것은 병법에서 실패하게 된다.

하나의 계책을 한 차례 사용하다가 두 차례 사용하는 것으로 나아가고 두 차례 사용하다가 세 차례 사용하는 것으로 나아가는 것은, 자세에 따라 바꾸어 옮겨가고 형편에 따라 바꾸어 옮겨가는 것이고, 세 차례 사용하다가 두 차례 사용하는 것으로 되돌아가고 두 차례 사용하다가 한 차례 사용하는 것으로 되돌아가는 것은, 자세에 따라서 되돌리고 상황에 따라 되돌리는 것이다.

凡機用於智者一則間,[1] 用於愚者二而間, 數受欺而不悟者三而間. 間三而迫[2]奇莫測. 間二而迫人所度, 間一而迫顚[3]於法. 一出二, 二出三, 隨勢變遷, 隨形變遷; 三迫二, 二迫一, 隨勢歸複, 隨形歸複.

1 間: 주로 '틈, 사이, 때'나 '이간하다, 헐뜯다' 등의 뜻으로 쓰이는데, 여기서는 '바꾸다, 교체하다'의 의미로 사용되었다.
2 迫: 일반적으로 '닥치다, 접근하다, 궁색하다'의 뜻으로 쓰이나, 여기서는 '왕복하다, 회복하다'의 의미다.
3 顚: 주로 '정수리, 꼭대기, 넘어지다' 등의 뜻으로 쓰이며, 여기서는 '실패하다'의 의미로 사용되었다.

88. 절반의 기회

半

일반적으로 계책을 세워 사업을 시행할 때 계획이 10가지 있으면, 그것을 실행할 때는 겨우 5가지 계책만을 시행할 수 있고, 나머지 반은 적과 동맹국의 상황과 교묘하게 합치되는 순간에 시행될 수 있다. 실행 방안이 10가지 있는데 세운 계책이 그중 단지 5가지 일에만 적용되면, 나머지 반은 적과 동맹국의 상황과 교묘하게 합치하는 순간에 실행할 수 있다.

그러므로 계책을 잘 세우는 사람은 극히 신중하여, "내가 적에게 도모할 것이 있으면 적도 나에게 도모할 수 있다는 것을 생각해야 한다. 또 천하 사람들이 모두 훌륭한 모략이라고 여기는 것을 자세히 살펴보는 데 이르러서는 곧 천하를 제압할 수 있는 모략이 산출되어야 한다"고 말한다. 우리가 정밀하게 모략을 세우고 용감하게 싸우는 경우 계획과 실행이 합치하는 한 번의 기회가 있을 수 있고, 적이 저항하거나 응전하는 것을 파악하는 데서 한 번의 기회가 있을 수 있으며, 지리적 상황과 자연적 시기의 적절함을 파악하는 데서 한 번의 기회가 있을 수 있으니, 반드시 자세히 살펴야 한다.

대개 적군이 많고 아군이 적거나 혹 아군이 많고 적이 적을 때도, 세 가지 경우에 적합하게 할 수 있으면 그 형세가 완전하게 될 것이다. 그러므로 마땅히 절반의 기회를 갖춰 완전하게 시행하는 것으로 나아가야 한다.

凡設策建事, 計有十, 行之僅可得五, 其半在敵與[1]湊合[2]之間; 行有十, 而計止任其五, 其半在敵與湊合之間, 故善策者多惕. 曰: 我能謀敵則思敵能謀我者, 至視天下爲善謀, 則可制天下之謀生. 是精謀勇戰操其一, 敵之抵應操其一, 地天機宜操其一, 必諦[3]審. 夫彼多而此少, 或此多而彼少, 能合於三, 其勢乃全. 故當以半而進乎全也.

---

1 敵與: 적국과 동맹국을 가리킨다.
2 湊合: '교묘하게 합치되다, 우연히 합치되다'라는 의미다.
3 諦: '자세히 살피다, 자세히 보다, 명료하게 알다' 등의 뜻이다.

89. 하나의 여분

한 번 전쟁할 때 하나의 방법만을 세우고, 하나의 작전 의도가 있을 때 하나의 계책만을 세우는 것은 매우 좋지 않은 방법이다.

그러므로 지략을 쓸 때는 반드시 그 가운데 하나를 숨기고, 병법을 쓸 때는 반드시 그 가운데 하나를 더하며, 변화를 줄 때는 반드시 그 가운데 한 번 더 변화를 주고, 공격을 한 곳에 집중할 때는 반드시 한 곳을 더 살피고, 어떤 국면을 파악할 때는 반드시 하나의 국면을 더 생각해내야 하며, 군대를 움직일 때는 반드시 한 부대를 남겨둬야 하고, 군대를 다 쓸 때는 반드시 하나의 부대를 옮겨놓아야 한다.

대개 계획 중에 운용되는 것을 '동動'이라고 여기면 대비하는 한 수를 '정靜'이라고 여기고, 운용되는 것을 '정正'이라고 여기면 대비하는 한 수를 '기奇'로 여긴다.

전쟁을 할 때는 한 가지 여분을 두는 것에 그쳐야지 하나의 여분을 더 남겨둬서는 안된다. 하나의 방안에 여분을 하나만 둬서는 안되며, 한 번 교전할 때 계획을 한 번에 소진해서도 안 된다. 두 가지 방안에서 하나를 여분으로 두면 세 가지가 되고, 네 가지 방안에서 하나를 여분으로 두면 다섯 가지가 되니, 경경京·자칭·구溝·간澗의 방안에서 하나의 여분을 두면 최고로 많게 된다. 이렇게 해서 아승기[阿祇]·나유타[那由]¹로 될 수 있으나 무한히 운용할 수는 없으니, 하나를 여분으로 두는 방법은 지극히 정밀하다.

行一事而立一法, 寓一意而設一機, 非情²之至也. 故用智必沉其一, 用法必增其一, 用變必轉其一, 用偏必照其一, 任局必出其一, 行之必留其一, 盡之必翻其一. 蓋以用爲動, 以一爲靜; 以用爲正, 以一爲奇. 止於一, 餘一不可. 一不可一餘, 一不可一盡. 二餘一則三之, 四餘一而五之, 京·秭·溝·澗³而極正之, 此阿祇那由之, 不可無量也. 餘一也, 精之致也.

1 아승기[阿祇]·나유타[那由]: 범어의 수량사數量詞다. 원래는 상상의 수이지만, 아승기는 10의 56제곱, 나유타는 10의 60제곱이라고도 한다.
2 非情: '情'은 '상황, 정황'을 나타내는 말이며, '非情'은 '일상적이지 않은 상황'이라는 뜻으로 '좋지 못하다'는 의미다.
3 京·秭·溝·澗: 수의 단위다. 경경은 10의 16제곱, 자칭는 10의 24제곱, 구溝는 10의 32제곱, 간澗은 10의 36제곱이다.

90. 없는 듯이

無

대체로 자신이 가진 것을 드러내는 자는 신비한 술책으로도 승리를 보증할 수 없다. 보증할 수 없으면 일을 만나도 스스로 지탱할 수 없으니, 실패하지 않는 경우가 드물다. 그러므로 병법을 잘 운용하는 사람은 군대가 움직일 때는 움직임이 없는 듯이 하며, 계획을 세울 때는 그렇게 하지 않을 듯이 한다.

기이한 계책을 세워 강력한 부대를 대적할 때, 진을 치고 움직이지 않는 것은 적이 강력히 제압하기 때문이 아니다. 계략은 학습에서 넉넉해지고 담력은 진지에서 길러지며, 형세는 실마리에서 드러나고 모략은 시작하는 초기에 도모해야 한다.

大凡著於有者, 神不能受[1]也. 不能受, 則遇事不自持, 其不蟻衄[2]者希矣. 故善用兵者, 師行如無, 計設若否, 創奇敵大, 陣而不動, 非强制也. 略裕於學, 膽經於陣, 形見於端, 謀圖於朔.[3]

1 受: 일반적으로 '받다, 거두어들이다, 입다' 등의 뜻으로 쓰이나, 여기서는 '보장하다, 보증하다'의 의미로 쓰였다.

2 蟻衄: '蟻'은 '진디등에'와 같은 곤충의 이름이다. 몸체가 미세한데, 비가 오려고 하면 떼 지어 날아서 길을 막는다. 의미를 확대하여 '경시하다, 작게 보다'라는 뜻으로 쓰인다. '衄'은 코피이며 '피를 흘리다'라는 뜻이다. 따라서 '蟻衄'는 '업신여김을 받고 상처를 입다, 실패하다'라는 의미로 사용되었다.

3 朔: 원래는 '초하루'를 가리키는 말이나, 여기서는 '처음, 시작'을 의미한다.

91. 그림자 작전

影[1]

옛날에 병법을 잘 사용한 사람은, 의도가 이렇게 하려는 데 있으면 일부러 이렇게 하지 않을 것처럼 꾸며서 자신의 의도를 실행했다. 이것이 옛날에 군대를 격파하고 장수를 사로잡으며 성을 함락하고 읍을 항복시키는 교묘한 법이었다.

지금은 의도가 이렇게 하지 않기를 바라는 것이 마땅한데도, 일부러 이렇게 하지 않을 것을 꾸며서 적들로 하여금 도리어 의도가 이렇게 하려는 데 있으면서 이것을 꾸민 것이라고 의심하게 하여, 이렇게 하지 않기를 바라는 자신의 의도를 실행한다. 이것이 요즘 군대를 격파하고 장수를 사로잡으며 성읍을 항복시키는 미묘한 법이다.

일부러 한 번 가장하는 것은 한 번 그림자를 보여주는 것이고, 일

---

1 影: 지휘자의 실제 의도의 현상을 반사해서 비춰주는 것을 의미한다.

부리 가장하여 실제 의도를 드러내는 것은 그림자 속에 그림자를 드러내는 것이다. 두 개의 거울이 걸리면 3000장丈² 넓이의 현장도 꿰뚫어볼 수 있다.

　古善用兵者, 意欲如此, 故爲³不如此以行其意, 此破軍擒將降城服邑之微法.⁴ 今則當意欲不如此, 故爲不如此, 使彼反疑爲意欲如此, 以行其意欲不如此, 此破軍擒將降服城邑之微法. 故爲者, 影也; 故爲而示意者, 影中現影也. 兩鑒懸透三千丈哉!

2　3000장丈: 장丈은 길이의 단위이고, 1장은 3.33미터에 해당된다.
3　爲: '僞'와 통용되며, '위장하다, 속이다'의 의미로 사용되었다.
4　微法: 여기서 '微'는 '교묘한, 오묘한'의 뜻이며, '微法'은 '교묘한 방법'이란 뜻으로 해석할 수 있다.

92. 부질없게 하기

空

적군의 계략이 날카로워도 아군이 그것을 부질없게 만들 수 있다면 적군의 지략이 실패할 것이라는 사실은 쉽게 파악할 수 있다.

막사를 거짓으로 세워 적들의 습격을 부질없게 만들고, 전장戰場을 거짓으로 꾸며 적의 공격을 부질없이 만들며, 거짓으로 공격해서 적의 힘을 부질없이 하고, 거짓으로 유인하여 적의 물자를 부질없게 한다. 어떨 때는 가짜를 써서 부질없게 만들고, 어떨 때는 진짜를 써서 부질없게 만든다. 가짜를 쓰는 것이 능통하지 않으면 곧 진짜만으로 속여야 하니 변화로 공을 세울 수 없고, 진짜를 쓰는 것에 능통하지 않으면 가짜만으로 성취해야 하니 일에 기이한 변화가 적어진다.

없는 상황에서 계획을 운행하거나 행적이 드러나기 전에 계획을 바꾸면 아득하고 심오해져서, 적이 지혜에 근본한다고 해도 그가 생각하는 것을 실행할 곳이 없고 적이 묘책을 내지 않았을 때도 마음속에 품고 있는 계획을 낼 곳이 없게 된다. 진실로 비우는 변화는 신비하구나.

敵之謀計利, 而我能空之, 則彼智失可擒.[1] 虛幕空其襲, 虛地[2]空其伐, 虛伐空其力, 虛誘空其物. 或用虛以空之, 或用實以空之. 虛不能則實詭, 幻不赴功;[3] 實不能則虛就, 事寡奇變. 運行於無有之地, 轉掉[4]於不形之初. 杳杳冥冥, 敵本智而無所著其慮, 敵未謀而無所生其心. 洵空虛之變化神也!

1 擒: 일반적으로 '붙잡다, 사로잡다'의 뜻으로 쓰이나, 여기서는 '파악하다, 포착하다'의 의미로 사용되었다.
2 地: 여기서는 '전장戰場'의 뜻으로 쓰였다.
3 赴功: '赴'는 원래 '나아가다, 향하다, 이르다, 도달하다' 등의 뜻으로 쓰이는데, 여기서는 '공업을 세우다'의 의미로 사용되었다.
4 轉掉: '바꾸다, 전환하다'의 뜻이다.

93. 숨기기
陰

숨기기(陰)라는 것은 변화를 주어 헤아리지 못하게 하는 방법이다.

공개적인 방법을 사용했는데 적군이 공개적인 방법을 헤아리지 못하면 공개적인 방법이면서 숨기는 법이 되고, 음밀한 방법을 사용했는데 적군이 그 음밀한 방법을 헤아리지 못하면 음밀한 방법이면서 숨기는 법이 된다.

병법을 잘 운용하는 사람은 어떨 때는 공개적인 방법을 가장하여 숨기는 법을 실행하고, 어떨 때는 음밀한 방법을 운용하여 공개적인 법을 이루니, 모두 기이한 술책을 내어 주도권을 장악하는 것에서 벗어나지 않는다. 습격하거나 매복을 사용해서 적군이 끝내 제압당하니, 누가 숨기는 묘책이 공개적인 묘책의 신기함보다 뛰어날 수 없다고 하겠는가!

陰者, 幻而不測之道. 有用陽[1]而人不測其陽, 則陽而陰矣; 有用陰而人不測其陰, 則陰而陰矣. 善兵者, 或假陽以行陰, 或運陰以濟[2]陽, 總不外於出奇握機, 用襲用伏, 而人卒[3]受其制, 詎謂陰謀之不可以奪[4]陽神哉!

---

1 陽: '陰'과 반대되는 뜻이다. '陰'이 계획을 숨기는 것이므로, '陽'은 '공개적인 방법, 표면에 드러난 방법' 정도의 의미다.

2 濟: 일반적으로 '건너다, 구제하다' 등의 뜻으로 쓰이는데, 여기서는 '이루다, 완성하다'의 의미로 사용되었다.

3 卒: '끝내, 마침내'의 뜻으로 쓰였다.

4 奪: 주로 '빼앗다, 징수하다, 훔치다' 등의 뜻으로 쓰이며, 여기서는 '~보다 낫다, 압도하다'의 의미로 사용되었다.

94. 조용히 있기

靜爭

우리에게 정해진 술책이 없고, 적들에게 실패할 만한 계책이 없으면 움직여서는 안된다. 일이 비록 유리하더라도 일의 형세가 움직이기에 곤란하거나, 근소한 성취는 있지만 끝내는 반드시 실패하게 될 것이라면 움직여서는 안 된다. 적과 아군에 대해 아는 것을 끝까지 궁구하지 않았거나 술책이 모두 적절하지 않으면, 결단코 적의 술수나 상황의 변화에 따른 의견을 만들어서는 안 된다. 적의 자극에 격분하여 군대를 일으켜도 안 되고 적의 유인이 있어도 진격해서는 안 되며, 반드시 움직일 만한지 헤아린 이후에 움직여야 한다. 비록 작은 좌절이 있더라도 동요하기에는 부족하다.

터무니없이 움직이거나 조급하게 행동하는 것은 병법가가 매우 경계해야 하는 것이다.

我無定謀, 彼無敗着, 則不可動; 事雖利而勢難行, 近少逐[1]而終必失, 則不可動. 識未究底, 謀未盡節, 決不可爲隨數任機之說. 當激[2]而不起·誘有不進, 必度可動而後動, 雖小有挫, 不足援也. 妄動躁動, 兵家亟戒!

1 逐: '공을 이루다'의 뜻으로 사용되었다.
2 當激: 여기서 '激'은 '격분하다'의 뜻이고, '當'은 '마주하다, 당면하다'의 뜻이며, '當激'은 '자극에 격분한 상황을 맞이하다'의 의미다.

95. 한가한 시간 보내기
閑

어지러운 상황에서는 일의 첫 단계를 세우는 것을 고려하지 않으면 사람들은 그가 생각하는 것을 이해하지 못하고, 여유로운 처지에서는 어떤 하나의 상황을 설정하는 것을 중요하게 여기지 않으면 사람들은 그 일을 마치 쓸데없는 일에 속하는 것이라고 생각할 것이다. 그 후에 어떤 기회를 만나 이 계획이 사용될 곳을 얻는다면 이 계책과 관련된 사안이 위급한 상황이라고 여기게 된다. 이것이 전쟁을 아는 이에게는 계책을 세울 한가로운 시간이 있지만 전쟁에서는 계책을 세울 한가로운 시간이 없다는 것이다.

紛糾中, 沒揣三[1]設一步, 人不解其所謂;[2] 寬緩處, 不吃緊[3]立一局, 似覺屬於無庸. 厭後湊乎事機, 收此著之用, 則所關惟急. 是知兵有閑著, 兵無閑著.

---

1 沒揣三: 명明나라 때의 속어로, '沒店三'으로 쓰기도 한다. 그 뜻은 '경중을 알지 못하다, 고려함이 없다, 어리벙벙하다' 등이다.

2 謂: 주로 '말하다, 평가하다, 고하다, 생각하다' 등의 뜻으로 쓰이는데, 여기서는 '생각하다'의 의미로 사용되었다.

3 不吃緊: 속어로, '중요하지 않다, 긴요하지 않다'는 뜻이다.

96. 위세

威[1]

강함과 약함은 상황에서 결정되고, 용기와 겁은 기세에서 생겨난다. 이것은 군대 내의 변화에 대해서 말한 것이다.

만약 병법을 잘 사용하는 사람이라면 천하의 사람이 깨달을 수 없는 병법을 운용하고, 천하의 사람이 감히 동요시키지 못하는 적을 굴복시키며, 천하의 사람이 지킬 수 없는 곳에서 싸우고, 천하의 사람이 돌격할 수 없는 요새를 제압하고, 천하의 사람이 지탱하기에 어려운 상황에도 돌격하며, 천하의 사람이 다시 모으기 어려운 군대를 분산시킨다.

군대의 위세에 있어서 경계해야 할 것은, 전쟁을 치르기도 전에 매우 두려워하여 한창 전투 중에 잘 대적하지 못하는 것이다.

한때 그 사람을 두려워하면 천 년 동안 그의 신묘함에 굴복한다.

---

1 威: 여기서는 '위엄과 기세'를 가리킨다. 『관자管子』 「명법해明法解」에서는 "군주가 신하를 제압하는 것이 위세다人主之所以制臣下者, 威勢也"라고 했다.

強弱任於形, 勇怯生於勢, 此就行間²之變化言也. 若夫善用兵者, 運乎天下之所不及覺, 制乎天下之所不敢動, 戰乎天下之所不能守, 扼乎天下之所不得沖, 奔³乎天下之所不可支, 離乎天下之所不複聚. 威之所懾, 未事革兵⁴而先已懼, 旣事兵革而莫能敵. 一時畏其人, 千秋服其神.

2 行間: '行伍之間'을 줄인 말. '行伍'는 중국의 고대 군대제도로 다섯 명이 '오伍'가 되고, 다섯 오가 '행行'이 된다. 이후로는 '군대'를 가리키는 말로 사용되었다.

3 奔: 주로 '달리다, 빨리 오가다, 달아나다' 등의 뜻으로 쓰이며, 여기서는 '~를 향해 가다, 돌격해 가다'의 의미로 사용되었다.

4 革兵: '革'은 '가죽, 갑옷, 투구' 등을 의미하고 '兵'은 '병기' 등을 의미하며, '革兵'은 의미를 확장하여 '전쟁'을 가리킨다.

97. 잊기
忘[1]

이로움과 해로움, 안정과 위엄을 도외시하는 사람들이 진실로 반드시 자신을 잊고서 임금을 위해 목숨을 바친다. 그러나 병사로 하여금 진심으로 지지하며 모두 다 잊게 하지 못한다면 또한 공을 잘 이룰 수 있는 장수가 아니다.

그러나 그 마음을 얻는 것에는 또한 본래 방법이 있다. 병사와 의복을 함께한 뒤에야 변방의 바람과 서리를 맞는 괴로움을 잊고, 병사와 음식을 함께한 뒤에 행군 중의 굶주림과 목마름의 고통을 잊으며, 병사와 함께 오르거나 걸은 뒤에 관문과 협소한 곳의 위험과 곤란함을 잊고, 사졸과 함께 일어나거나 쉰 연후에 전투에 임하는 수고로움과 고통을 잊으며, 사졸이 근심하는 것을 근심하고 사졸이 아파하는 것을 아파한 이후에야 칼과 검, 화살과 창으로 상처나 흉

---

1 忘: 여기서는 자신의 생명을 버리고 죽음의 두려움을 잊는 행동을 가리킨다.

터의 아픔을 잊는 것 등이 그 방법이다.

일에 대해 이미 익숙하고 마음이 두루 미쳤기 때문에 전투에 참여하는 것을 편안하게 여기고 죽고 다치는 것을 분수로 여기며, 칼날을 무릅쓰고 앞을 다투는 것을 본래의 직무로 삼아서 위험에 빠지는 것을 생각하지 않는다.

장군과 병사 양쪽이 잊을 수 있는 군대는 험난한 곳에 처하기를 평탄한 곳에 있는 듯이 여기고, 독을 마시는 것을 꿀을 마시듯이 할 것이다.

利害安危, 置之度外,² 固必忘身以致君矣. 而不使士心與之俱忘, 亦非善就功之將也. 然而得其心者, 亦自有術: 與士卒同衣服, 而後忘夫邊塞之風霜; 與士卒同飮食, 而後忘夫馬上之饑渴辛苦; 與士卒同登履, 而後忘夫關隘之險阻; 與士卒同起息, 而後忘夫征戰之勞苦; 憂士卒之憂, 傷士卒之傷, 而後忘夫刀劍鏃戟之瘢痍.³ 事旣習而情與周, 故以戰鬪爲安, 以死傷爲分, 以冒刃爭先爲本務, 而不知其蹈危也. 兩忘者, 處險如夷, 茹⁴毒如飴也.

2 度外: '범위 밖, 법도 밖, 마음에 두지 않음'의 의미다.
3 瘢痍: 상처가 아문 후에 남겨진 흔적, 즉 흉터를 가리킨다.
4 茹: '먹다, 먹이다'의 뜻이다.

98. 주도권 잡기

由[1]

진격과 후퇴·싸움과 방어의 주도권이 우리에게서 말미암으면, 이것은 곧 승리할 방법이 있는 것이다. 주도권이 나에게서 말미암으면 내가 적을 제압하고, 주도권이 적에게서 나오면 적에게 제압당한다.

적을 제압하는 것은, 우리가 바라지 않는 것을 적이 강제로 하게 해서 움직이도록 할 수 없을 뿐만 아니라, 곧 적이 바라지 않는 것을 우리가 그렇게 할 수 있도록 유도할 수 있는 것이다. 심지어 적이 도발하는 방법으로 우리를 분노하게 해도 분노를 억누르고 반응하지 않을 수 있으면, 이것이 곧 진실로 주도권이 우리에게서 말미암게 할 수 있는 방법이다.

1 由: 여기서는 '행동을 제재하는 주도권을 잡다' 정도의 의미다.

　進止戰守由於我, 斯有勝道. 由我則我制敵, 由敵則爲[2]敵制. 制敵者,
非惟[3]我所不欲, 敵不能强之使動, 卽敵所不欲, 我能致之不得不然也, 甚
至[4]敵以挑激之術, 起我憤慍, 能遏而不應, 斯真能由我者.

2　爲: 여기서는 '당하다'는 뜻이다. 즉 '爲A所B'로서 'A에게 B한 바를 당하다'라는
뜻으로 쓰였다.

3　非惟: 뒤에 나오는 '卽'과 함께 '~일 뿐만 아니라, 곧 ~이다'라는 뜻이다.

4　甚至: 접속사. '심지어, ~까지도, ~조차도, ~마저'의 뜻이며, 한 단계 더 나아
간다는 뜻을 포함한다.

99. 저절로 그렇게 됨

如

지략을 써서 천하를 정복하여 천하가 그 지략에 굴복했더라도 지략만으로는 진실로 감당하지 못하고, 법을 써서 천하를 제어해서 천하가 법의 규제를 받는다고 해도, 법이 또한 신기한 것은 아니다. 법이 신기롭다고 여겨지는 것은, 좋지 않은 것 가운데 좋은 것이기 때문이다.

슬기롭고 용맹한 임금이 천하를 다스리면, 이길 때 성을 무너뜨리는 행동이 없고 공격할 때 보루를 파괴하는 일이 없으며, 싸울 때 진지를 마주하여 싸우는 광경은 없고 칼날은 허공에서 노닐게 될 것이니, 마치 다툼이 없는 세상을 조성한 것과 거의 같아서 곧 전쟁이 그치게 될 것이다. 그렇게 하면 잔잔하게 졸졸 흐르는 물소리가 또랑또랑하게 쨍강쨍강 싸우는 소리를 대신할 것이다.

以智服天下, 而天下服於智, 智故¹不勝; 以法制天下, 而天下制於法, 法亦匪神. 法神者, 非善之善者也. 聖武持²世, 克無城, 攻無壘, 戰無陣, 刀遊於空, 依稀乎³釀⁴於無爭之世, 則已矣. 淵淵涓涓, 鏗鏗錚錚.

---

1 故: 주로 '연고, 까닭, 사건, 옛날' 등 다양한 뜻으로 쓰이며, 여기서는 '참으로, 진실로'의 의미로 사용되었다.

2 持: '잡다, 지니다, 가지다, 유지하다, 지키다' 등의 뜻으로 사용되며, 여기서는 '관리하다, 다스리다'의 의미다.

3 依稀乎: '비슷하다'라는 의미다.

4 釀: 원래는 '술을 빚다, 꿀을 만들다'의 뜻이나, 여기서는 '조성해내다'의 뜻으로 사용되었다.

100. 자연의 법칙

自

　자연의 본성은 받아들이지 못할 게 없어, 어떤 일에 익숙했다가 거기서 벗어나도 오래 지나면 자연의 법칙에 순응할 수 있다.

　그러므로 병법을 잘 쓰는 사람은 보는 것이 전쟁이 아닌 것이 없고 이야기하는 것이 책략이 아닌 것이 없으며, 연구하는 것이 군대 행렬 사이의 변화가 아닌 것이 없다. 이러한 까닭으로 사정의 변화가 생긴 뒤에도 적절히 안배하고 따져보기를 기다리지 않아도, 온전한 법칙에 화합하여 유려하지 않은 것이 없다.

　하늘은 자연스럽기 때문에 운행하고, 땅도 자연스럽기 때문에 정체되지 않는다. 전쟁도 자연스럽기 때문에 이기지 못하는 경우가 없다. 이 때문에 병법을 잘 쓰는 사람은 자연스럽게 해서 마음에 적합하기를 바란다. 이는 『시경』에서 "왼쪽으로 인도하고 왼쪽으로 인도

하니 마땅하지 않은 것이 없고, 오른쪽으로 인도하고 오른쪽으로 인
도하니 있지 않은 것이 없구나"[1]라고 한 것과 같다.

性[2]無所不含, 狃[3]於一事而出, 久則因任[4]自然. 故善兵者, 所見無非兵,
所談無非略, 所治無非行間之變化. 是以事變之來, 不待安排計較, 無非
協暢[5]於全經. 天自然, 故運行; 地自然, 故未凝; 兵自然, 故無有不勝. 是
以善用兵者, 欲其自然而得之於心也. 『詩』曰: "左之左之, 無不宜之; 右之
右之, 無不有之."

1 왼쪽으로 ~없구나: 『시경詩經』「소아小雅·상상자화裳裳者華」에 실려 있다.
2 性: '천성, 자연 법칙'을 가리킨다.
3 狃: '진압하다, 탐내다, 탐하다, 바로잡다' 등의 뜻으로도 쓰이며, 여기서는 '익
숙하다'의 의미로 사용되었다.
4 因任: '순응하다, 의뢰하여 맡기다'의 의미다.
5 協暢: '조화롭고 유려하다'의 뜻이다.

병법의 '전傳'을 넘어 병법의 '경經'으로

사람은 살아가면서 숱한 싸움을 접하게 된다. 자신과의 싸움에서부터 세계대전까지 어쩌면 싸움 없는 삶은 없을지도 모른다. 그렇다면 왜 싸우는 것일까? 싸움의 표면적인 양상은 다양하겠지만, 단순화하면 차지하려는 싸움과 지키려는 싸움으로 나눌 수 있을 것이다. 그리고 원인은 결국 인간의 욕망으로 귀결될 것이다. 인간은 태어나면서 욕망을 갖는다. 따라서 욕망이 어떤 형태를 띠든지, 인간에게는 반드시 있을 수밖에 없으며, 그것을 반드시 나쁘다고 할 수는 없다. 그러나 그것이 지나치기 때문에 늘 싸움이 일어난다. 자신의 욕망을 최대한 부리면서도 다른 사람의 욕망에 저촉되는 일이 없는 선에서 멈출 수 있다면, 싸움이 일어나지 않을지도 모른다.

그러나 세상에는 다양한 욕망을 가진 사람들이 살고 있고, 대부분은 욕망을 크게 가지는 것을 당연시 여길 뿐만 아니라 추종하고 권장한다. 심지어 숱한 전쟁에서 무수한 사람을 죽인 이를 영웅시하고 위인으로 여겨 본받으려고까지 한다. 이런 세계에서 전쟁은 어쩌면 당연히 태어나야 할 결과물인지도 모른다. 그렇다면 전쟁이 일어났을 때 어떻게 하는 것이 최상일까? 아마도 전쟁이 싸움 없이 무위로 끝나는 것이 가장 좋을 것이다. 싸우지 않는 것. 그러나 대개 전쟁이 발발하면 이렇게 쉬이 끝나지 않는다. 그다음 좋은 것이 이기는 것이겠고, 가장 안 좋은 것이 지는 것임은 말할 나위도 없다.

최상의 방법이 이루어지기는 거의 불가능하기 때문에, 전쟁이 일어나면 기어코 이기려고 한다. 이런 필요에 의해서 만들어진 것이 병법이다. 병법은 싸움에서 이기는 법이기에, 방법과 수단을 가리지 않고 이기는 것을 중시한다. 이러한 이유로 이기는 여러 방법을 모색하게 되는데 그 결정체가 병법서다. 그런데 병법서가 지어져 널리 유통된 이후에는, 그 병법에서 제시하고 있는 싸움의 구체적인 방법보다는 장수가 병법서에서 기술된 병법을 어떻게 활용하고, 또 당면한 시기와 상황의 변화에 따라 어떻게 적절하게 대처하는가가 중요하게 된다. 따라서 시대 변화에 적합하고, 새롭게 활용된 방법을 담는 새로운 병법서가 요구된다. 이렇게 해서 시대에 따라 여러 병법서가 지어진 것이다.

이렇듯 시기와 장수의 필요에 의해서 지어진 여러 병법서를, 계훤은 각각의 현명한 장수나 전문가에 의해서 지어진 저술이라 하여 '전傳'이라고 불렀다. 그는 이러한 전을 넘어서서 영구불변한 진리가 담긴 병법서인 '경經'을 지어 병법에서 두루 통용되는 법칙을 구하고자 했다. 이러한 요구에 따라 여러 병법서에서 진리라고 여겨지는 핵심 이론이나 사상을 추출하여 융합하고, 여기에 자신의 실제 경험을 통해 검증된 결과를 합쳐서 정리한 책이 『병경백자』다. 즉 『병경백자』는 싸움에 대한 진리나 보편적 이론을 담으려는 노력의 산물이라 할 수 있다.

한편 우리 삶이 싸움의 연속이라는 점에서, 병법 이론서인 『병경백자』는 현실의 삶의 문제에 대해서도 적용할 수 있는 처세의 글이라고도 할 수 있다. 마치 『손자병법』이 아직까지 중요한 처세서로 각광을 받고 있는 것처럼 말이다. 게다가 전대 병법 사상의 정화를 후대에 정리한 글이라는 점에서 더욱 그러하다.

그렇다면 『병경백자』를 통해서 우리는 무엇을 얻어야 하는가? 물론 최종 목적은 주도권을 가지고 싸움에서 이기는 것이다. 그런데 여기서 생각해볼 문제가 있다. 진정으로 이기는 것이 무엇인가 하는 문제다. 비록 싸움에서는 이겼으나 그 대가로 엄청난 희생을 치러야 한다면 이것은 이긴 것이 아니고, 비록 싸움에서는 진 듯하나 싸우기 전보다 좋은 결과를 이끌어냈다면 이것은 이긴 것이다. 역사상 전쟁에 엄청난 힘을 쏟아서 승리를 쟁취했으나 머지않아 내란으로 멸망한 경우를 보는데, 이것은 진정한 승리라고 할 수 없다. 반면 복종하는 듯이 하면서 실리적 이익을 취한다면, 이는 오히려 이긴 싸움이라고 할 수 있다. 결국 희생을 최소화하고 이익을 최대화하는 것이 진정한 의미에서 승리라고 할 수 있다. 게훤은 이를 '저절로 그렇게 되는 경지如'라고 했다. 즉 지략이나 법으로 이기는 것은 저절로 한계가 있게 마련이고, 슬기롭고 용맹한 임금이 천하를 잘 다스려서 저절로 그렇게 되도록 하는 것이야말로 진정한 의미의 승리라고 본 것이다. 그리고 이런 경지에 오르기 위해서는, 자연의 법칙에 따라서 병법을 운용하는 것이 가장 좋은 방법이라고 했다. 결국 싸우지 않고 이기는 법을 최선으로 생각했던 『손자병법』과 그 맥을 같이한다고 할 수 있다.

모든 사람이 성현의 인격을 갖출 수 없고, 모든 시기와 상황이 최선의 상태일 수 없으며, 모든 갑의 위치에 있는 이가 인격적으로 잘 다스리기 어렵다. 이런 현실에서 부딪히는 난관을 헤쳐가기에 성인의 말씀은 멀게 느껴질 때가 있다. 이때 차선책으로 쓸 수 있는 것이 현인의 처세서일 것이다. 그 처세서 가운데 하나로서 『병경백자』는 훌륭한 지위를 확보할 수 있을 것이다.

2014년 3월
김명환

찾아보기

ㅈ

ㅊ

병경백자

초판인쇄 2014년 3월 24일
초판발행 2014년 4월 1일

지은이   계 원
옮긴이   김명환
펴낸이   강성민
기 획   노승현
편 집   이은혜 박민수 이두루
편집보조   유지영 곽우정
마케팅   이연실 정현민 지문희 김주원
온라인 마케팅   김희숙 김상만 이원주 이천희

펴낸곳   (주)글항아리 | 출판등록 2009년 1월 19일 제406-2009-000002호
주소   413-120 경기도 파주시 회동길 210
전자우편 bookpot@hanmail.net
전화번호 031-955-8891(마케팅) 031-955-1903(편집부)
팩스   031-955-2557

ISBN   978-89-6735-102-1 03100

글항아리는 (주)문학동네의 계열사입니다.

이 도서의 국립중앙도서관 출판시도서목록(CIP)은 서지정보유통지원시스템 홈페이지
(http://seoji.nl.go.kr)와 국가자료공동목록시스템(http://www.nl.go.kr/kolisnet)에서
이용하실 수 있습니다. (CIP제어번호 : CIP2014008206)